JN419220

SANDBOX STORY KIDS

차례

3장
학 교

4장
자 연

추천사

요즘 아이들을 가르치다 보면 '읽기'는 되지만 '이해'가 부족한 경우가 많습니다. 글을 읽고 나서도 '무슨 뜻인지 모르겠다.', '그래서 어쩌라는 거지?'라며 고개를 갸웃하는 아이들이 늘어나고 있습니다. 이런 현상은 아이들이 단순히 책을 읽지 않아서가 아니라, '어휘력의 부족'에서 비롯되는 경우가 많습니다. 어휘력이 부족하면 책의 내용을 이해하지 못하고, 결국 책 읽기를 힘들어하는 악순환이 반복되는 것이죠.

어휘력은 문해력의 '기초 체력'입니다.

문해력은 '세상을 해석하는 힘'이고, 그 기초는 '어휘력'에 있습니다. 어휘를 모르면 문장 이해가 불가능하고, 문장을 이해하지 못하면 글 전체의 구조와 맥락을 파악할 수 없습니다. 즉, 어휘력은 문해력의 기초 체력이자 사고력의 근원입니다. 아이들은 어휘를 풍부하게 알수록 생각의 폭이 넓어지고, 세상을 이해하는 감각도 정교하게 발달합니다.

특히 초등 저학년 시기는 언어 발달의 황금기로, 언어 감각이 급격히 확장하는 시기입니다. 풍부한 어휘는 아이가 세상을 바라보는 관점을 더욱 깊고 넓게 만들어 줍니다. '모른다'는 어휘를 '낯설다', '이해가 안 된다', '헷갈린다' 등으로 세분하여 표현할 수 있을 때, 아이의 사고력은 크게 성숙합니다. 이 시기의 언어 경험은 사고력, 표현력, 학습 능력뿐 아니라 공감 능력과도 연계됩니다.

모든 학습의 밑바탕, 문해력

교육 현장에서는 문해력이 모든 과목 학습의 밑바탕임을 확인할 수 있습니다. 계산 능력이 있어도 수학 문제를 해석하지 못하면 오답이 됩니다. 또한, 개념어의 의미를 정확히 파악하지 못하면 과학, 사회 과목에서 단편적인 지식만 기억할 뿐입니다.

〈미니니 어휘 탐구〉 시리즈는 바로 그 기초를 탄탄히 세워 주는 책입니다. 어휘를 단순히 암기하게 하는 것이 아니라, 상황과 예시 속에서 자연스럽게 배우게 합니다. 아이들은 낯선 단어를 흥미로운 맥락 속에서 만날 때, 단순 지식이 아닌 '자기 경험'으로 기억합니다. 이 책은 아이들의 충만한 자기 경험이 될 것입니다.

– 초등 교육 전문가 **이서윤**

이 책에 나오는 미니니를 소개할게요!

감성이 풍부한 평화주의자.

먹는 걸 제일 좋아하는 식탐왕.

무슨 생각하는지 알 수 없는
새침데기.

계획에 차질이 생기면
예민해지는 계획왕.

친구들이 낸 사고를 수습하는 해결사.

친구들과 노는 걸 제일 좋아하는
친구 부자.

미니니와 함께 어휘를 배워요!

어휘 학습

핵심 어휘, 핵심 어휘와 관련 있는
연관 어휘들을 상황 그림으로 익혀요.

어휘 설명

다양한 예문으로 핵심 어휘와 연관 어휘의
의미와 쓰임새를 자연스럽게 배워요.
예문을 소리 내어 읽으면 효과 만점!

어휘 확인

예문으로 자연스럽게 익힌 어휘들을
제대로 이해했는지 문제로 확인해요.
스스로 점검하며 어휘력을 높여요.

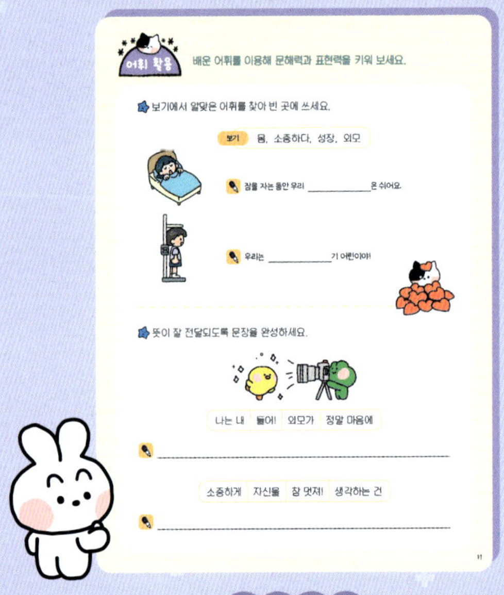

어휘 활용

배운 어휘를 다양한 활동으로 활용하며
문해력과 표현력까지 키워요.

 ※ 이 책의 어휘 뜻풀이는 국립국어원 표준국어대사전을 기반으로 하였습니다.

1장 나
몸
감각
감정
걸음걸이
꿈
병
습관
건강

그림을 보며 학습 어휘인 **몸**을 익히고,
몸과 관련이 있는 연관 어휘를 알아보아요.

학습 어휘

몸 사람이나 동물의 모습을 이루는 머리부터 발까지의 전체나 그것의 활동 기능과 상태.

신체

소중하다

외모

성장

예시 문장을 읽으며 학습 어휘 몸과
몸의 연관 어휘가 어떻게 쓰이는지 살펴보아요.

몸

✧ 몸도 튼튼, 마음도 튼튼!

✧ 친구 몸을 함부로 만지지 않아요.

신체

사람의 몸.

✧ 오늘 신체검사를 한대!

✧ 잠을 충분히 못 자면 신체 기능이 떨어진다.

소중하다

매우 귀하고 중요하다.

✧ 내 몸은 소중하다.

✧ 너에게 소중한 것은 뭐야?

외모

겉으로 보이는 모습.

✧ 사람을 외모로 판단하면 안 된다.

✧ 외모는 달라도 우리는 친구야.

성장

사람이나 동식물 등이 자라서 점점 커지는 것.

✧ 개구리의 성장을 관찰했어요.

✧ 성장에 좋은 음식을 먹어야 한다.

문제를 풀며, 배운 어휘를 확인해 보세요.

'외모'의 뜻을 찾아 ○ 하세요.

책이나 공책 같은 학용품.

겉으로 보이는 모습.

동물의 먹이.

아래 대화를 읽고 밑줄 친 어휘의 뜻을 찾아 선으로 이으세요.

운동을 했더니 몸이 건강해진 것 같아!

나도 열심히 운동하고 있어. 내 몸은 소중하니까!

매우 귀하고 중요하다.

사람이나 동물의 모습을 이루는 머리부터 발까지의 전체나 그것의 활동 기능과 상태.

빈칸에 들어갈 알맞은 어휘를 찾아 ○ 하세요.

① ( ) 을 위해 음식을 골고루 먹어야 해요. 약속 / 성장

② 운동을 꾸준히 하면 ( ) 가 튼튼해진다. 신체 / 놀이

배운 어휘를 이용해 문해력과 표현력을 키워 보세요.

보기에서 알맞은 어휘를 찾아 빈 곳에 쓰세요.

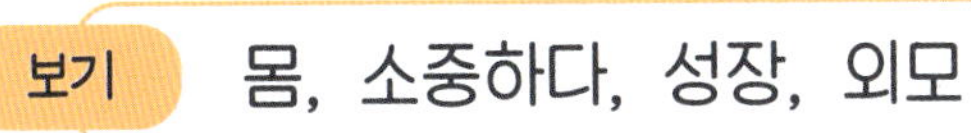

잠을 자는 동안 우리 ____________은 쉬어요.

우리는 ____________기 어린이야!

뜻이 잘 전달되도록 문장을 완성하세요.

나는 내	들어!	외모가	정말 마음에

____

____

그림을 보며 학습 어휘인 **감각**을 익히고,
감각과 관련이 있는 연관 어휘를 알아보아요.

시각

청각

학습 어휘

감각

눈, 코, 귀, 혀, 피부를 통하여
바깥의 어떤 자극을 느낌.

미각

후각

촉각

예시 문장을 읽으며 학습 어휘 **감각**과
감각의 연관 어휘가 어떻게 쓰이는지 살펴보아요.

감각

✦ 우리 몸에는 눈, 코, 입 등 다양한 감각 기관이 있다.

✦ 감각이 예민한 사람이야.

시각

눈으로 보고 느끼는 감각.

✦ 시각 장애인을 돕는 안내견이다.

✦ 헬렌 켈러는 시각을 잃었지만 끝까지 포기하지 않았어.

청각

귀로 소리를 듣고 느끼는 감각.

✦ 내 동생은 청각이 예민하다.

✦ 큰 소리를 오래 들으면 청각이 피곤해져요.

미각

혀로 맛을 느끼는 감각.

✦ 미각에는 단맛, 짠맛, 신맛, 쓴맛이 있다.

✦ 그 음식은 미각을 만족시키는 맛이야.

후각

코로 냄새를 맡아서 느끼는 감각.

✦ 후각이 마비된 것 같다.

✦ 후각을 자극하는 이 구수한 냄새는 뭐지?

촉각

피부에 닿아서 느끼는 감각.

✦ 손으로 만지는 촉각 활동을 해요.

✦ 손끝의 촉각을 이용해.

문제를 풀며, 배운 어휘를 확인해 보세요.

어휘를 보고 알맞은 뜻을 찾아 선으로 이으세요.

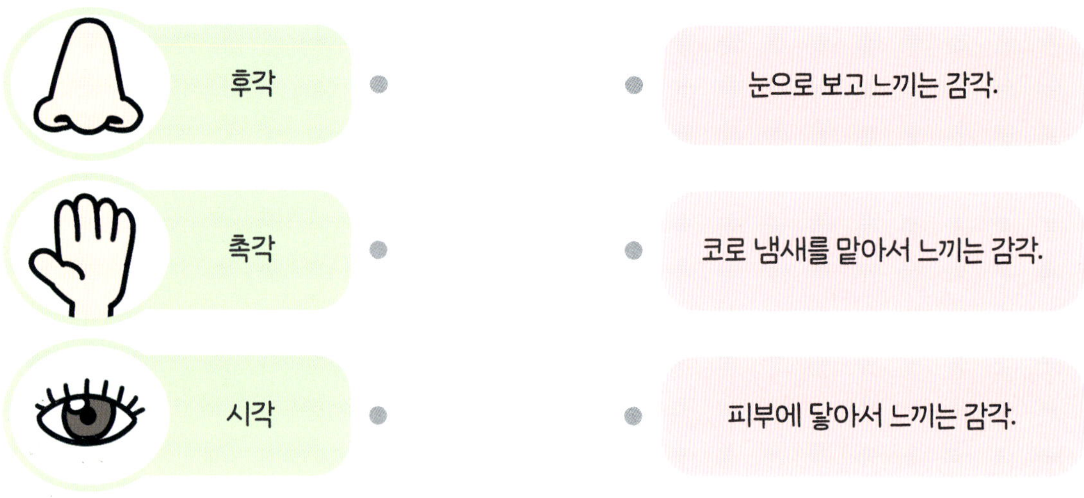

후각
촉각
시각
눈으로 보고 느끼는 감각.
코로 냄새를 맡아서 느끼는 감각.
피부에 닿아서 느끼는 감각.

어휘의 뜻이 바른 말풍선을 모두 찾아 색칠하세요.

'감각'이 바르게 쓰인 문장을 찾아 ○ 하세요.

① 눈, 귀, 코, 혀, 피부로 느끼는 다섯 가지 감각을 오감이라고 합니다. (　　　)

② 틀릴까 봐 감각이 돼서 발표를 못 하겠어! (　　　)

배운 어휘를 이용해 문해력과 표현력을 키워 보세요.

사다리를 타고 내려가 빈 곳에 알맞은 어휘를 쓰세요.

미각 감각 후각 청각

빗물을 손바닥의 ________으로 느꼈다.

내 ________에는 너무 안 맞아.

달콤한 코코아 냄새가 ________을 자극한다.

________이 좋아서 어떤 음인지 바로 알 수 있어.

그림을 보며 학습 어휘인 **감정**을 익히고,
감정과 관련이 있는 연관 어휘를 알아보아요.

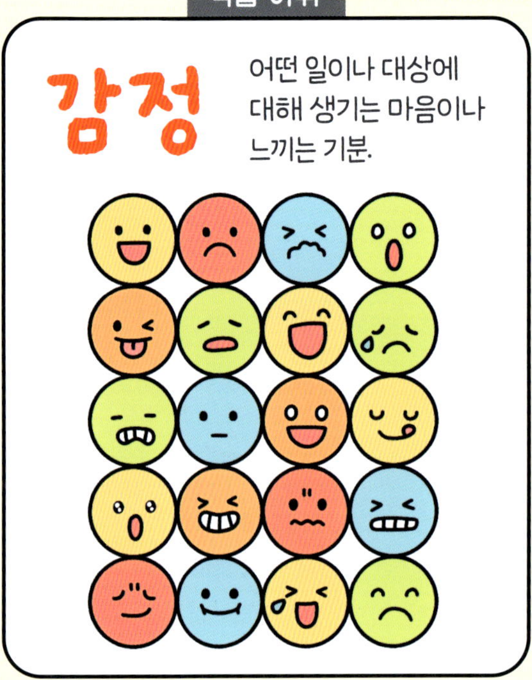

예시 문장을 읽으며 학습 어휘 **감정**과 **감정**의 연관 어휘가 어떻게 쓰이는지 살펴보아요.

감정

- 나는 감정이 풍부해.
- 어제는 감정을 참을 수 없었다.

표현하다

생각이나 느낌을 말이나 몸짓 등으로 나타내다.

- 행복한 마음을 표현하다.
- 부모님께 사랑한다고 표현해요.

언짢다

마음에 들지 않거나 좋지 않다.

- 친구가 나쁜 말을 해서 기분이 언짢았다.
- 동생과 싸워서 마음이 언짢아.

흐뭇하다

마음에 쏙 들어 매우 만족스럽다.

- 일기를 빠짐없이 썼더니 흐뭇했다.
- 머리를 자르고 거울을 보니 흐뭇한 기분이 들었어.

서럽다

분하고 억울해서 슬프다.

- 아무도 내 편을 들어주지 않아서 무척 서러웠다.
- 갑자기 서러워 눈물이 났어.

문제를 풀며, 배운 어휘를 확인해 보세요.

‘흐뭇하다’의 뜻을 찾아 ○ 하세요.

마음에 들지 않아서 불쾌하다.	마음에 쏙 들어 매우 만족스럽다.	실제보다 지나치게 부풀리다.

아래 대화를 읽고 밑줄 친 어휘의 뜻을 찾아 선으로 이으세요.

오해받아서 정말 서러워!

그런 감정이 드는 건 당연해!

어떤 일이나 대상에 대해 생기는 마음이나 느끼는 기분.

분하고 억울해서 슬프다.

빈칸에 들어갈 알맞은 어휘를 찾아 ○ 하세요.

① 강아지는 꼬리로 기분을 (　　　) 수 있어요. 표현할 | 포장할

② 어제 (　　　) 소식을 들었어요. 뜨거운 | 언짢은

배운 어휘를 이용해 문해력과 표현력을 키워 보세요.

뜻이 잘 전달되도록 문장을 완성하세요.

흐뭇해!	거울로 보니	내 얼굴을

 ______________________________

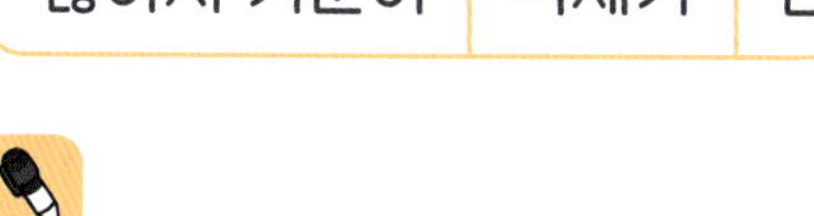

많아서 기분이	숙제가	언짢았다.

____

문장이 완성되도록 알맞은 글자를 찾아 빈칸에 쓰세요.

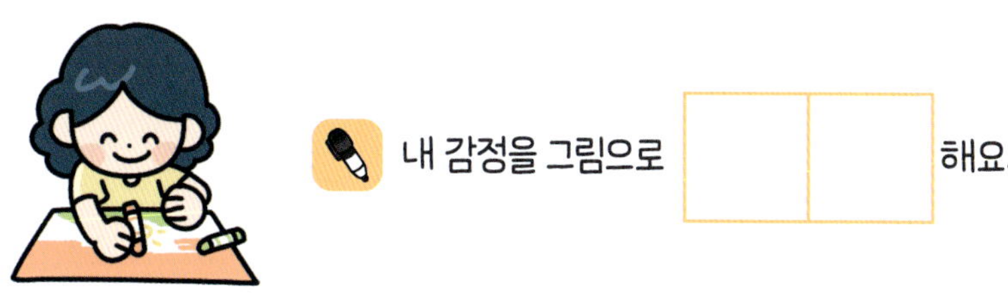

내 감정을 그림으로 ☐☐ 해요.

☐☐☐ 엉엉 울었어요.

그림을 보며 학습 어휘인 **걸음걸이**를 익히고,
걸음걸이와 관련이 있는 연관 어휘를 알아보아요.

학습 어휘

걸음걸이

걸음을 걷는 모양새.

자세

바른 걸음

보폭

종종

예시 문장을 읽으며 학습 어휘 **걸음걸이**와
걸음걸이의 연관 어휘가 어떻게 쓰이는지 살펴보아요.

걸음걸이

- 이모는 걸음걸이가 너무 빨라요.
- 친한 사람은 걸음걸이만 보고도 누군지 알 수 있어.

자세

몸을 움직이거나 행동을 할 때의 모양.

- 수업 종이 울려서 자세를 고쳐 앉았다.
- 운동할 때는 자세가 중요해.

바른 걸음

머리를 들어 앞을 바라보며 허리를 곧게 펴고 걷는 걸음.

- 친구는 걸을 때 바른 걸음으로 걸어요.
- 바른 걸음으로 걷기 위해 노력한다.

보폭

걸을 때 앞에 디딘 발에서 뒤에 있던 발까지의 거리.

- 아빠는 나보다 보폭이 넓어요.
- 우리 보폭을 맞춰 걸을까?

종종

발걸음을 가까이 자주 떼며 빨리 걷는 모양.

- 강아지가 나를 종종 따라왔어.
- 앞서가는 엄마를 종종 쫓아갔다.

문제를 풀며, 배운 어휘를 확인해 보세요.

어휘를 보고 알맞은 뜻을 찾아 선으로 이으세요.

걸음걸이
차렷!
자세
보폭
걸음을 걷는 모양새.
걸을 때 앞에 디딘 발에서
뒤에 있던 발까지의 거리.
몸을 움직이거나
행동을 할 때의 모양.

'종종'의 뜻이 바른 말풍선을 찾아 ○ 하세요.

'바른 걸음'이 바르게 쓰인 문장을 찾아 ○ 하세요.

① 바른 걸음으로 앉아서 책을 읽어요. (　　　)

② 복도에서 뛰지 않고 바른 걸음으로 걸어요. (　　　)

배운 어휘를 이용해 문해력과 표현력을 키워 보세요.

문장이 완성되도록 알맞은 글자를 찾아 빈칸에 쓰세요.

걷다 → 달리다

모 폭 포 보

달릴 때는 [ ][ ] 이 넓어져요.

걸 악 음 걸 오 이

할머니의 [ ][ ][ ][ ] 는 느릿느릿해요.

뜻이 잘 전달되도록 문장을 완성하세요.

비가 와서	걸었어.	종종

달려야 해.	달릴 때도	바른 자세로

____

____

____

____

그림을 보며 학습 어휘인 **꿈**을 익히고,
꿈과 관련이 있는 연관 어휘를 알아보아요.

장래 희망

직업

어른

탐색하다

상상하다

학습 어휘

꿈

앞으로 이루고 싶은
희망이나 목표.

예시 문장을 읽으며 학습 어휘 꿈과
꿈의 연관 어휘가 어떻게 쓰이는지 살펴보아요.

꿈

- 꼭 선생님이 돼서 내 꿈을 이룰 거야!
- 아픈 사람을 위해 일하는 게 내 꿈이다.

장래 희망

앞으로 하고자 하는 일이나 직업에 대한 희망.

- 제 장래 희망은 아이돌입니다.
- 우린 장래 희망이 똑같네!

직업

살아가는 데 필요한 돈을 벌기 위해 자신의 능력과 적성에 따라 일정하게 하는 일.

- 우리 엄마 직업은 경찰관이다.
- 여러 가지 직업을 소개할게.

어른

다 자라서 자기 일에 책임을 질 수 있는 사람.

- 우리 언니는 어른 같아요.
- 빨리 커서 어른이 되고 싶어!

탐색하다

사라지거나 드러나지 않은 것을 자세히 살펴 찾다.

- 내 꿈을 탐색하는 중입니다.
- 많은 과학자들이 우주를 탐색했어요.

상상하다

실제로 없는 것이나 경험하지 않은 것을 마음속으로 그려 보다.

- 미래를 상상하는 건 정말 신나!
- 공룡이 살았던 때를 상상했더니 시간이 금방 지났다.

문제를 풀며, 배운 어휘를 확인해 보세요.

'꿈'의 뜻을 찾아 ○ 하세요.

서로 싸우거나 해치려고 하는 상대.	앞으로 이루고 싶은 희망이나 목표.	다른 사람에게 물건을 줌.

아래 대화를 읽고 밑줄 친 어휘의 뜻을 찾아 선으로 이으세요.

얘들아~ 장래 희망 있어?

난 어른이 되면 요리사가 될 거야!

난 아직 탐색하고 있어~

사라지거나 드러나지 않은 것을 자세히 살펴 찾다.	앞으로 하고자 하는 일이나 직업에 대한 희망.	다 자라서 자기 일에 책임을 질 수 있는 사람.

빈칸에 들어갈 알맞은 어휘를 찾아 ○ 하세요.

① 미래 모습을 (　　　) 그렸어. 즐거워서 / 상상해서

② 우리 아빠 (　　　)은 작가야. 직업 / 직진

배운 어휘를 이용해 문해력과 표현력을 키워 보세요.

뜻이 잘 전달되도록 문장을 완성하세요.

문장이 완성되도록 초성을 참고해 알맞은 어휘를 빈칸에 쓰세요.

내가 커서 되고 싶은 ㅈ ㅇ 은 화가야.
ㅇ ㄹ 이 된 모습을 ㅅ ㅅ 했어.

그림을 보며 학습 어휘인 **습관**을 익히고,
습관과 관련이 있는 연관 어휘를 알아보아요.

학습 어휘 **습관** 어떤 행동을 오랫동안 되풀이하는 과정에서 저절로 익혀진 것.

스스로

행동

실천하다

생활

예시 문장을 읽으며 학습 어휘 **습관**과
습관의 연관 어휘가 어떻게 쓰이는지 살펴보아요.

습관

✧ 정말 좋은 습관이다.
✧ 넌 어떤 습관이 있어?

스스로

자신의 힘으로.

✧ 어려운 문제를 스스로 풀었어.
✧ 스스로 판단할 수가 없어요.

행동

몸을 움직여 어떤 일이나 동작을 함.

✧ 계획한 일을 행동으로 옮겼어요.
✧ 그건 너무 위험한 행동이야!

실천하다

생각한 것을 실제로 행동하다.

✧ 방학에 세운 계획을 실천해요.
✧ 실천하지 않으면 좋은 계획도 아무 소용이 없다.

생활

사람이나 동물이 일정한 곳에서 활동하고 살아감.

✧ 숙제로 개미들의 생활을 관찰했어.
✧ 생활에 필요한 여러 도구들입니다.

문제를 풀며, 배운 어휘를 확인해 보세요.

어휘를 보고 알맞은 뜻을 찾아 선으로 이으세요.

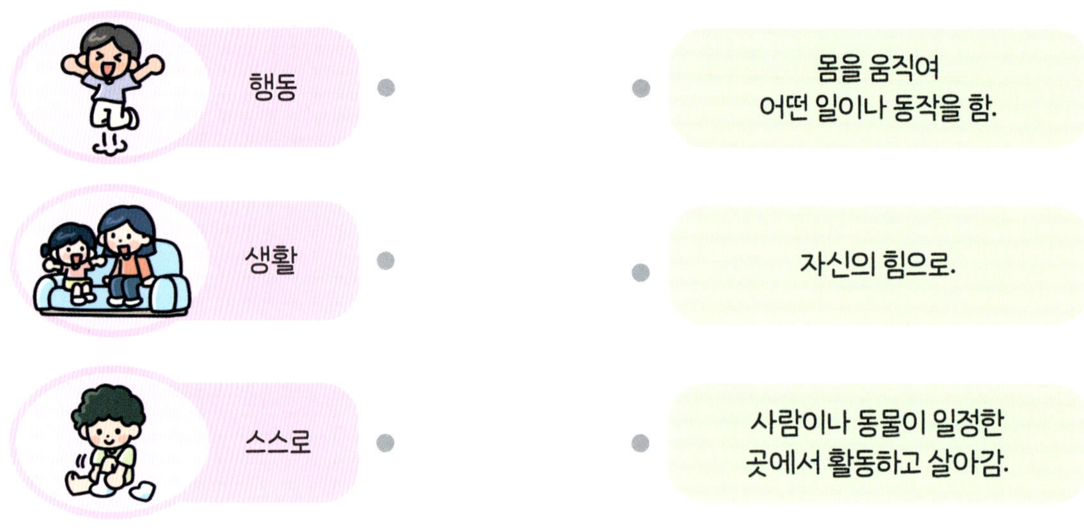

행동
생활
스스로
몸을 움직여 어떤 일이나 동작을 함.
자신의 힘으로.
사람이나 동물이 일정한 곳에서 활동하고 살아감.

'습관'의 뜻이 바른 말풍선을 찾아 ○ 하세요.

'실천하다'가 바르게 쓰인 문장을 찾아 ○ 하세요.

① 환경을 지키기 위해 일회용품을 덜 쓰는 생활을 실천해요! (　　　)

② 친구의 선물을 실천할 수 없었어. (　　　)

배운 어휘를 이용해 문해력과 표현력을 키워 보세요.

뜻을 읽고 알맞은 어휘를 빈칸에 쓰세요.

뜻: 몸을 움직여 어떤 일이나 동작을 함.

뜻: 자신의 힘으로.

뜻: 생각한 것을 실제로 행동하다.

뜻: 어떤 행동을 오랫동안 되풀이하는 과정에서 저절로 익혀진 것.

뜻: 사람이나 동물이 일정한 곳에서 활동하고 살아감.

그림을 보며 학습 어휘인 **건강**을 익히고,
건강과 관련이 있는 연관 어휘를 알아보아요.

학습 어휘

건강

정신과 몸이 아무 탈이 없고
튼튼하거나 그런 상태.

운동

튼튼하다

균형

허약하다

예시 문장을 읽으며 학습 어휘 건강과
건강의 연관 어휘가 어떻게 쓰이는지 살펴보아요.

건강

✧ 내 건강의 비결은 규칙적인 생활이야.

✧ 너무 기름진 음식만 먹으면 건강을 해칠 수 있다.

운동

사람이 몸을 단련하거나 건강을 위해 몸을 움직이는 일.

✧ 언니는 운동으로 매일 줄넘기를 한다.

✧ 다리를 다쳐서 운동을 못하니 찌뿌둥해.

튼튼하다

사람의 몸이나 뼈, 이 등이 단단하고 굳세거나 병에 잘 걸리지 않는 힘이 있다.

✧ 몸이 튼튼하면 무엇이든 할 수 있어요.

✧ 나는 이가 튼튼해서 끄떡없어.

균형

어느 한쪽으로 기울거나 치우치지 않고 고른 상태.

✧ 균형을 잘 잡고 걸어 봐요!

✧ 너는 균형 감각이 참 좋구나.

허약하다

기운이 없고 힘이 약하다.

✧ 어릴 때 몸이 허약해서 병원에 자주 갔어.

✧ 형은 튼튼해 보이지만 사실 허약한 체질이다.

문제를 풀며, 배운 어휘를 확인해 보세요.

'균형'의 뜻을 찾아 ○ 하세요.

어느 한쪽으로 기울거나 치우치지 않고 고른 상태.	더 좋은 상태로 나아감.	어찌할 줄 몰라 괴로워하고 애태우는 상태.

아래 대화를 읽고 밑줄 친 어휘의 뜻을 찾아 선으로 이으세요.

건강을 위해 오늘도 열심히!

운동해서 건강해지자!

정신과 몸이 아무 탈이 없고 튼튼하거나 그런 상태.

사람이 몸을 단련하거나 건강을 위해 몸을 움직이는 일.

빈칸에 들어갈 알맞은 어휘를 찾아 ○ 하세요.

① 골고루 먹으면 몸이 (   ). | 튼튼해져요 | 지쳐요 |

② 몸이 (   ) 달리면 금방 숨이 차. | 즐거워서 | 허약해서 |

배운 어휘를 이용해 문해력과 표현력을 키워 보세요.

뜻이 잘 전달되도록 문장을 완성하세요.

문장이 완성되도록 알맞은 글자를 찾아 빈칸에 쓰세요.

장 균 모 형
잡기가 너무 어려워.
튼 로 함 튼
우유를 마시면 뼈가
해져요.

그림을 보며 학습 어휘인 **병**을 익히고,
병과 관련이 있는 연관 어휘를 알아보아요.

학습 어휘

병

몸에 이상이 생겨 괴로움을 느끼게 되는 현상.

진찰실

진찰

훌쩍훌쩍

콜록콜록

전염

욱신욱신

예시 문장을 읽으며 학습 어휘 **병**과
병의 연관 어휘가 어떻게 쓰이는지 살펴보아요.

병

- 의사 선생님은 병을 고친다.
- 빨리 병이 나았으면 좋겠어!

진찰

의사가 치료를 위하여
환자의 병이나 증상을 살핌.

- 환자가 많아 진찰을 받으려면 오래 기다려야 해요.
- 진찰 결과는 일주일 뒤에 나온다.

훌쩍훌쩍

콧물을 잇따라 들이마시는
소리나 그 모양.

- 코를 훌쩍훌쩍 들이마셨다.
- 훌쩍훌쩍 콧물 마시는 소리가 계속 들린다.

콜록콜록

감기나 천식으로 가슴 속에서
잇따라 나오는 기침 소리.

- 자꾸 콜록콜록 기침이 나와.
- 몸이 으슬으슬 춥더니 콜록콜록 기침까지 난다.

전염

남에게 병이 옮음.

- 친구한테 감기가 전염된 것 같아.
- 전염 예방을 위해 손을 깨끗이 씻어요.

욱신욱신

머리나 상처 등이
자꾸 쑤시는 듯이 아픈 느낌.

- 온몸이 욱신욱신 쑤신다.
- 머리가 욱신욱신 아파요.

문제를 풀며, 배운 어휘를 확인해 보세요.

어휘를 보고 알맞은 뜻을 찾아 선으로 이으세요.

콜록콜록 ● ● 감기나 천식으로 가슴 속에서 잇따라 나오는 기침 소리.

진찰 ● ● 콧물을 잇따라 들이마시는 소리나 그 모양.

훌쩍훌쩍 ● ● 의사가 치료를 위하여 환자의 병이나 증상을 살핌.

어휘의 뜻이 바른 말풍선을 모두 찾아 ○ 하세요.

욱신욱신은 머리나 상처 등이 자꾸 쑤시는 듯이 아픈 느낌을 말해.

콜록콜록은 화가 나서 몸을 자꾸 크게 떠는 모양이야.

병은 몸에 이상이 생겨 괴로움을 느끼게 되는 현상이야.

'전염'이 바르게 쓰인 문장을 찾아 ○ 하세요.

① 학교 끝나고 친구랑 놀이터에서 만나기로 전염했다. (   )

② 요즘 유행하는 독감은 전염이 빠르대! (   )

배운 어휘를 이용해 문해력과 표현력을 키워 보세요.

보기에서 알맞은 어휘를 찾아 빈 곳을 채워 동시를 완성하세요.

보기 진찰, 욱신욱신, 훌쩍훌쩍, 콜록콜록

감기

머리가 ______________.

콧물이 ______________.

기침이 ______________.

엄마 손잡고 병원에 가서

______________을 받으니,

주사를 맞으라는 의사 선생님.

아야, 순식간에

주사 한 방 따끔!

눈물이 찔끔!

가로세로 어휘 퀴즈

가로와 세로의 뜻을 읽고, 알맞은 어휘를 빈칸에 쓰세요.

						②표			③스
	①①감								
				②상					
		③욱	④신						
						⑤언			⑥허
④전									
			⑤튼						
⑥탐									

가로

① 눈, 코, 귀, 혀, 피부를 통하여 바깥의 어떤 자극을 느낌.
② 실제로 없는 것이나 경험하지 않은 것을 마음속으로 그려 보다.
③ 머리나 상처 등이 자꾸 쑤시는 듯이 아픈 느낌.
④ 남에게 병이 옮음.
⑤ 사람의 몸이나 뼈, 이 등이 단단하고 굳세거나 병에 잘 걸리지 않는 힘이 있다.
⑥ 사라지거나 드러나지 않은 것을 자세히 살펴 찾다.

세로

① 어떤 일이나 대상에 대해 생기는 마음이나 느끼는 기분.
② 생각이나 느낌을 말이나 몸짓 등으로 나타내다.
③ 자신의 힘으로.
④ 사람의 몸.
⑤ 마음에 들지 않거나 좋지 않다.
⑥ 기운이 없고 힘이 약하다.

2장 우리 가족
집
가족
예절
여행
친척
이웃

그림을 보며 학습 어휘인 **가족**을 익히고,
가족과 관련이 있는 연관 어휘를 알아보아요.

학습 어휘

가족 결혼, 혈연, 입양 등으로 이루어진 집단이나 그 구성원.

예시 문장을 읽으며 학습 어휘 가족과
가족의 연관 어휘가 어떻게 쓰이는지 살펴보아요.

가족

- 가족과 사진을 찍었다.
- 우리 가족은 할머니, 엄마, 나 모두 셋이에요.

부모님

아버지와 어머니를 높여 이르는 말.

- 부모님께 편지를 썼어요.
- 내 얼굴은 부모님을 반씩 닮았다.

형제자매

남자 형제와 여자 형제를 동시에 이르는 말.

- 우리 형제자매는 혈액형이 모두 O형이에요.
- 형제자매가 많아서 언제나 시끌벅적하다.

역할

자기가 맡은 일이나 마땅히 해야 하는 일.

- 집안일을 나누어 역할을 분담했어요.
- 내 역할에 최선을 다하고 있다.

외동

다른 자식 없이 단 하나인 자식.

- 나는 외동이에요.
- 외동이라고 외로운 건 아니야.

식구

한집에서 함께 살면서 밥을 함께 먹는 사람.

- 온 식구가 함께해요.
- 친구네는 식구가 일곱 명이나 된다.

문제를 풀며, 배운 어휘를 확인해 보세요.

'식구'의 뜻을 찾아 ○ 하세요.

한집에서 함께 살면서 밥을 함께 먹는 사람.	듣기 좋게 꾸며서 하는 말.	몸을 움직이거나 가누는 모양.

아래 대화를 읽고 밑줄 친 어휘의 뜻을 찾아 선으로 이으세요.

넌 형제자매가 있니?

아니, 난 외동이야.

다른 자식 없이 단 하나인 자식.

남자 형제와 여자 형제를 동시에 이르는 말.

빈칸에 들어갈 알맞은 어휘를 찾아 ○ 하세요.

① 바닷가로 ( ) 여행을 다녀왔어요. 가족 | 가장

② 청소 시간에 내 ( ) 은 신발 정리야. 역할 | 균형

배운 어휘를 이용해 문해력과 표현력을 키워 보세요.

보기에서 알맞은 어휘를 찾아 빈 곳에 쓰세요.

우리 ______________ 은 노래를 잘 부르셔.

우리 ______________ 은 세 명이야.

뜻이 잘 전달되도록 문장을 완성하세요.

친구가	외동이어도	괜찮아!	있으니

 ____

역할을	내가 형제자매	해 줄게!

 ____

그림을 보며 학습 어휘인 **집**을 익히고,
집과 관련이 있는 연관 어휘를 알아보아요.

학습 어휘

집 사람이나 동물이 추위나 더위, 비바람 등을 막고 그 속에서 살기 위해 지은 건물.

천장

가정

실내

안전

앞뜰

예시 문장을 읽으며 학습 어휘 집과
집의 연관 어휘가 어떻게 쓰이는지 살펴보아요.

집

✧ 우리 집까지 걸어서 5분 걸려.

✧ 친구가 집에 초대했어요.

천장

지붕의 안쪽이나 건축물의 내부 공간의 위쪽 면.

✧ 천장에는 전등이 달려 있어요.

✧ 그 강당은 천장이 아주 높다.

가정

한 가족이 모여 사는 집이나 그 공동체.

✧ 가정은 누구에게나 소중하다.

✧ 가정의 모습은 집집마다 달라요.

실내

방이나 건물 등의 안.

✧ 실내가 따뜻해요.

✧ 실내 수영장은 사계절 내내 이용할 수 있어요.

안전

위험이 생기거나 사고가 날 걱정이 없는 그런 상태.

✧ 안전을 위해 안전띠를 꼭 매라.

✧ 안전 수칙을 꼼꼼히 읽어요.

앞뜰

집의 앞쪽에 있는 빈 땅.

✧ 봄이 되니 앞뜰에 꽃이 피었어요.

✧ 앞뜰에 나가 놀자.

문제를 풀며, 배운 어휘를 확인해 보세요.

어휘와 알맞은 뜻을 찾아 선으로 이으세요.

어휘 뜻이 바른 말풍선을 모두 찾아 ○ 하세요.

집은 선생님이 학생을 가르치는 곳이야.

방이나 건물 등의 안을 실내라고 해.

안전은 위험이 생기거나 사고가 날 걱정이 없는 거야.

'집'이 바르게 쓰인 문장을 찾아 ○ 하세요.

① 집에 가서 예방 주사를 맞았어. ( )

② 길 건너편 집에 친구가 살고 있어요. ( )

배운 어휘를 이용해 문해력과 표현력을 키워 보세요.

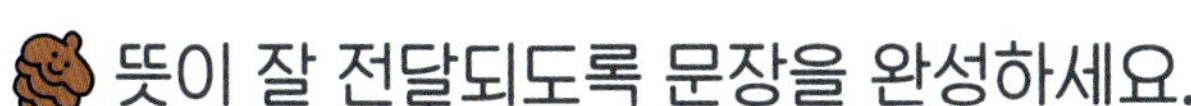

뜻이 잘 전달되도록 문장을 완성하세요.

물을	잘 줘야 해.	키우려면	식물을 실내에서

 ______________________________

안전하게	타야 해!	자전거는

✎ ______________________________

문장이 완성되도록 초성을 참고해 알맞은 어휘를 빈칸에 쓰세요.

ㅊ ㅈ 에 달린 선풍기가 돌아가요.

집 ㅇ ㄸ 에서 강아지가 뛰어놀아요.

그림을 보며 학습 어휘인 **예절**을 익히고,
예절과 관련이 있는 연관 어휘를 알아보아요.

학습 어휘

예절 사람이 지켜야 하는 바르고 공손한 태도나 절차, 질서.

버스

웃어른

지키다

예의

바르다

예시 문장을 읽으며 학습 어휘 **예절**과
예절의 연관 어휘가 어떻게 쓰이는지 살펴보아요.

예절

- 식사를 할 때도 지켜야 할 예절이 있다.
- 서로 예절을 지키면 싸울 일이 없어요.

지키다

약속, 법, 예의 등을 어기지 않고 그대로 실행하다.

- 약속은 꼭 지켜야 해요.
- 횡단보도에서는 신호를 반드시 지켜요.

예의

사람이 지켜야 하는 예절과 의리.

- 선생님께 예의 있게 말해요.
- 도서관에서 큰 소리로 떠드는 건 예의가 아니야.

웃어른

나이나 지위 등이 자기보다 높은 윗사람.

- 웃어른을 공경하는 마음을 가지다.
- 웃어른께 존댓말을 써요.

바르다

말이나 행동 등이 규칙과 예절에 어긋나지 않고 들어맞다.

- 길에 쓰레기를 버리는 건 바르지 못한 행동이에요.
- 인사성이 참 바르구나.

문제를 풀며, 배운 어휘를 확인해 보세요.

'웃어른'의 뜻을 찾아 ○ 하세요.

나이가 비슷하거나 아래인 사람.	나이나 지위 등이 자기보다 높은 윗사람.	한 집안에서 먼저 태어나 살다가 돌아가신 어른.

아래 대화를 읽고 밑줄 친 어휘의 뜻을 찾아 선으로 연결하세요.

식사 예절에는 어떤 게 있어?

음식물을 씹으며 말하지 않는 게 바른 식사 예절이야.

말이나 행동 등이 규칙과 예절에 어긋나지 않고 들어맞다.

사람이 지켜야 하는 바르고 공손한 태도나 절차, 질서.

빈칸에 들어갈 알맞은 어휘를 찾아 ○ 하세요.

① 선물을 받았을 때 고맙다고 말하는 건 (　　　) 예요. 예의 / 오해

② 급식실에서 순서를 (　　　) 줄을 서요. 밀쳐 / 지켜

배운 어휘를 이용해 문해력과 표현력을 키워 보세요.

사다리를 타고 내려가 빈 곳에 알맞은 어휘를 쓰세요.

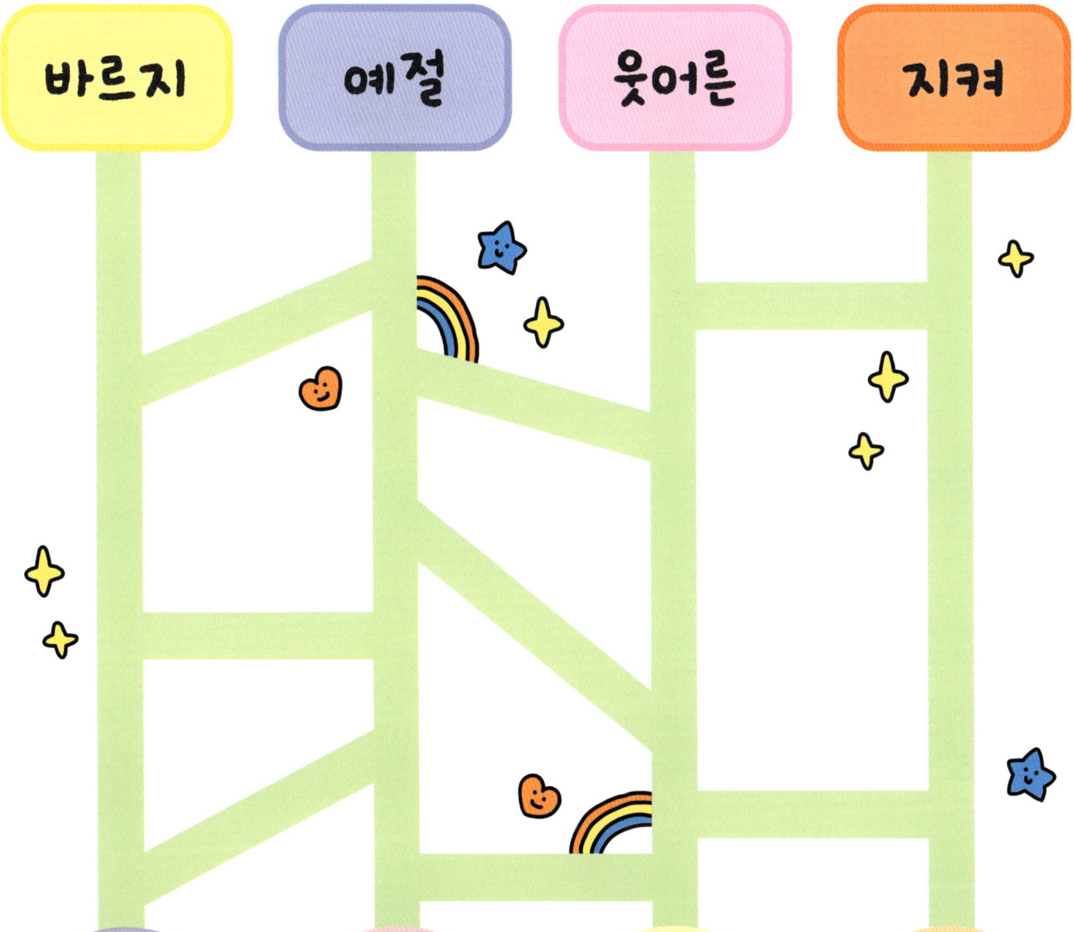

바르지

예절

웃어른

지켜

극장에서는
떠들지 않는 게
______이에요.

______께
공손하게 인사해요.

나쁜 말을 하는 건
______ 못한
행동이야.

설날에 예의를
______
세배해요.

그림을 보며 학습 어휘인 **여행**을 익히고,
여행과 관련이 있는 연관 어휘를 알아보아요.

휴가

관광

학습 어휘

여행

집을 떠나 구경을 목적으로
다른 지역이나 외국에 가는 일.

소풍

야외

계획

예시 문장을 읽으며 학습 어휘 **여행**과
여행의 연관 어휘가 어떻게 쓰이는지 살펴보아요.

여행

✧ 이번 겨울에 여행을 떠날 거야.

✧ 여행을 다녀와서 기행문을 써요.

휴가

직장·학교 등의 단체에서
일정한 기간 동안 쉬는 일.

✧ 모처럼의 휴가라 집에서 쉬고 싶어.

✧ 여름에 바닷가로 휴가를 떠났어요.

관광

다른 지방이나 다른 나라에 가서
풍경, 풍습, 문물 등을 구경함.

✧ 관광 안내소에 가서 지도를 받았다.

✧ 버스를 타고 관광을 떠나요.

소풍

경치를 즐기거나 휴식을 취하기 위해
야외에 나갔다 오는 일.

✧ 따뜻한 봄이 되어 신나게 소풍을 가요.

✧ 주말에 놀이공원으로 소풍을 갔다.

야외

집이나 건물의 밖.

✧ 오늘 체육은 야외 수업입니다.

✧ 날씨가 좋으니 도시락을 야외에서 먹을까?

계획

앞으로 할 일의 순서와 방법 등을
미리 생각해 정하거나 정한 내용.

✧ 계획을 짜서 생활하니, 시간이 절약돼.

✧ 여름 방학에 떠날 여행 계획을 세웠다.

문제를 풀며, 배운 어휘를 확인해 보세요.

어휘를 보고 알맞은 뜻을 찾아 선으로 이으세요.

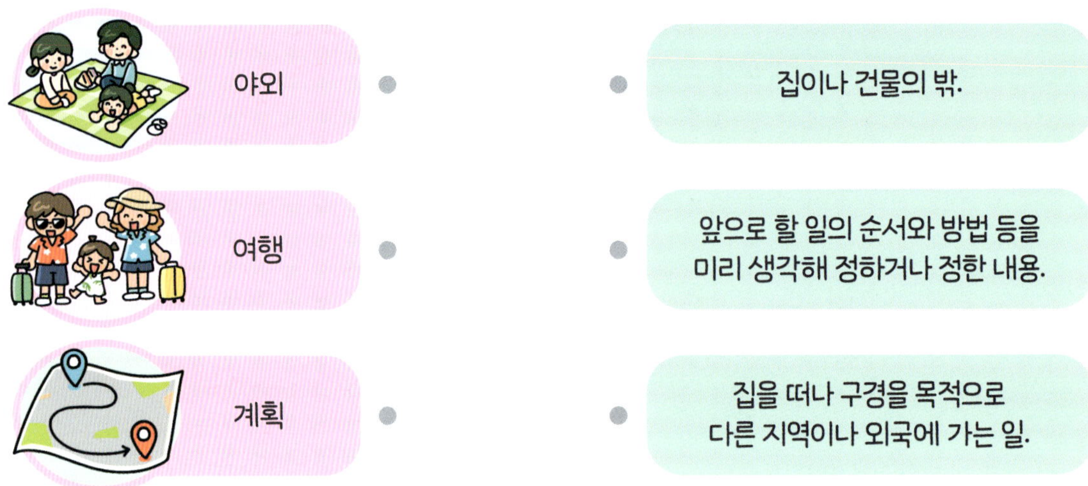

야외
여행
계획
집이나 건물의 밖.
앞으로 할 일의 순서와 방법 등을 미리 생각해 정하거나 정한 내용.
집을 떠나 구경을 목적으로 다른 지역이나 외국에 가는 일.

어휘의 뜻이 바른 말풍선을 모두 찾아 색칠하세요.

직장·학교 등의 단체에서 일정한 기간 동안 쉬는 일을 휴가라고 해.

관광은 다른 지방이나 다른 나라에 가서 풍경, 풍습, 문물 등을 구경하는 거야.

소풍은 비가 올 때 손을 들고 머리 위를 가리는 거야.

'소풍'이 바르게 쓰인 문장을 찾아 ○ 하세요.

① 주말에 근처 공원으로 소풍을 갔어요. (　　　　)

② 식물을 자세히 소풍하여 기록했어요. (　　　　)

배운 어휘를 이용해 문해력과 표현력을 키워 보세요.

문장이 완성되도록 알맞은 글자를 찾아 빈칸에 쓰세요.

[ ][ ]을 하며 사진을 찍었어요.

[ ][ ]에서 줄넘기를 했어요.

뜻이 잘 전달되도록 문장을 완성하세요.

뭐야?	계획이	이제

____

____

당연히 먹어야지!	소풍이니까

____

____

그림을 보며 학습 어휘인 친척을 익히고,
친척과 관련이 있는 연관 어휘를 알아보아요.

학습 어휘

친척 결혼으로 맺어진 사람들로, 아버지와 어머니쪽 가족들을 동시에 이르는 말.

명절

성묘

산소

사촌

예시 문장을 읽으며 학습 어휘 친척과
친척의 연관 어휘가 어떻게 쓰이는지 살펴보아요.

친척

- 명절이라 오랜만에 친척들이 모였다.
- 친척이라도 호칭이 다 달라요.

명절

설날이나 추석처럼 해마다 일정하게 지켜 즐기거나 기념하는 때.

- 명절에는 조상에 대한 감사와 가족 간의 사랑을 표현해요.
- 명절이 다가오니 마음이 설렌다.

성묘

조상의 산소를 찾아가서 돌보거나 돌보는 일.

- 보통 설, 추석에 성묘를 한다.
- 성묘하러 산길을 걸어갔어요.

산소

사람의 무덤을 높여 이르는 말.

- 할머니 산소에 절을 했어요.
- 산소 주변에 나무가 많았다.

사촌

부모의 형제자매의 아들이나 딸과의 친족 관계.

- 주말에 사촌 동생이 우리 집에 놀러 왔어요.
- 사촌들이랑 보드게임을 했어요.

문제를 풀며, 배운 어휘를 확인해 보세요.

'성묘'의 뜻을 찾아 ○ 하세요.

조상의 산소를 찾아가서 돌보거나 돌보는 일.	원하는 것을 이룸.	음식을 차리는 데 쓰는 상.

아래 대화를 읽고 밑줄 친 어휘의 뜻을 찾아 선으로 이으세요.

이번 명절에 뭐 해?

할머니, 할아버지 산소에 갈 거야.

사람의 무덤을 높여 이르는 말.

설날이나 추석처럼 해마다 일정하게 지켜 즐기거나 기념하는 때.

빈칸에 들어갈 알맞은 어휘를 찾아 ○ 하세요.

① (　　　) 집에 가는 길이야. 친척 / 산소

② 우리 (　　　) 형이에요. 명절 / 사촌

배운 어휘를 이용해 문해력과 표현력을 키워 보세요.

뜻이 잘 전달되도록 문장을 완성하세요.

다 모였어.	생신이라	친척들이 할머니

____

____

성묘하러 가.	산소로	설날에는

____

____

문장이 완성되도록 알맞은 글자를 찾아 빈칸에 쓰세요.

김 사 추 촌
□□을 만나면 언제나 즐거워요.
명 장 국 절
난 □□ 중에 추석이 제일 좋아!

그림을 보며 학습 어휘인 **이웃**을 익히고,
이웃과 관련이 있는 연관 어휘를 알아보아요.

학습 어휘

이웃 가까이 사는 집이나 그런 사람.

동네

주변

나누다

정답다

마을

예시 문장을 읽으며 학습 어휘 이웃과
이웃의 연관 어휘가 어떻게 쓰이는지 살펴보아요.

이웃

✧ 이웃과 친해져 이웃사촌이 되었다.

✧ 이웃 아주머니께 도움을 받아서 정말 감사했어요.

동네

사람들이 생활하는 여러 집이 모인 곳.

✧ 우리 동네에는 큰 놀이터가 있어.

✧ 동네 공원에서 자전거를 탔어요.

주변

어떤 대상의 주위.

✧ 학교 주변에 무인 문구점이 있어요.

✧ 내 자리 주변을 말끔하게 청소했다.

나누다

말과 이야기, 인사 등을 주고받다.

✧ 이웃과 반갑게 인사를 나누어요.

✧ 다툰 친구와 대화를 나누자 오해가 풀렸어요.

정답다

따뜻한 정이 있어 포근하다.

✧ 우리는 서로에게 정다운 친구이다.

✧ 정다운 눈길로 바라보았어요.

마을

시골에서, 여러 집이 모여 사는 곳.

✧ 할아버지 댁 마을에는 꽃이 많다.

✧ 엄마와 아빠는 어릴 적부터 한 마을에서 자랐대요.

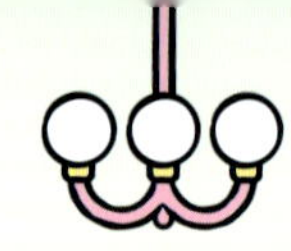

어휘 확인 문제를 풀며, 배운 어휘를 확인해 보세요.

어휘를 보고 알맞은 뜻을 찾아 선으로 이으세요.

어휘		뜻
주변	• •	시골에서, 여러 집이 모여 사는 곳.
마을	• •	말과 이야기, 인사 등을 주고받다.
나누다	• •	어떤 대상의 주위.

어휘의 뜻이 바른 말풍선을 모두 찾아 색칠하세요.

동네는 운동이나 놀이를
할 수 있는 넓은 마당이야.
LOVE

이웃은 가까이 사는
집이나 그런 사람을 말해.

따뜻한 정이 있어
포근한 걸 정답다고 해.

'동네'가 바르게 쓰인 문장을 찾아 ○ 하세요.

① 우리 동네에는 눈, 코, 입이 있어요. (   )

② 강아지를 데리고 동네를 산책했다. (   )

배운 어휘를 이용해 문해력과 표현력을 키워 보세요.

보기에서 알맞은 어휘를 찾아 빈 곳을 채워 동시를 완성하세요.

보기 정다운, 나누는, 동네, 이웃

아파트

우리 ________ 에는
아파트가 나란히 나란히.
하하 호호 웃음소리 가득해.

산책길을 걷다가,
엘리베이터에서 만나도,
반가운 ____________.

만나면 웃으며
인사를 ____________,
____________ 우리 아파트.

가로세로 어휘 찾기

보기에 있는 어휘를 아래의 표에서 찾아 ○ 해 보세요.
단, 어휘는 가로나 세로에만 있어요.

보기 가족, 예절, 여행, 친척, 이웃, 형제자매, 역할, 주변, 야외, 정답다

차	역	할	아	승	여	행
넘	량	등	보	하	피	후
예	삼	무	주	변	원	정
절	등	전	노	지	사	답
트	전	각	가	족	자	다
형	교	스	모	서	대	양
제	과	친	척	터	제	이
자	점	마	심	야	음	웃
매	교	료	극	외	녁	수

3장 학교
교실
선생님
1+L=
교과서
국어
친구
공부
차례차례

그림을 보며 학습 어휘인 **교실**을 익히고,
교실과 관련이 있는 연관 어휘를 알아보아요.

학습 어휘

교실

유치원, 초등학교, 중·고등학교에서 학습 활동이 이루어지는 곳.

학급

사물함

분실하다

교탁

모둠

예시 문장을 읽으며 학습 어휘 **교실**과
교실의 연관 어휘가 어떻게 쓰이는지 살펴보아요.

교실
1학년 2반 교실이에요.
아이들이 교실로 우르르 들어왔다.

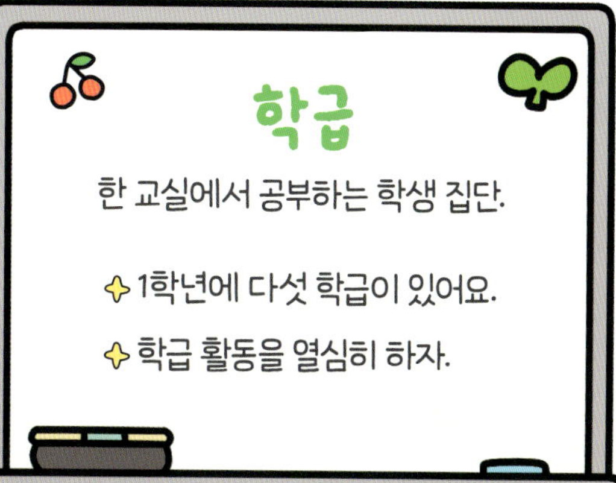

학급
한 교실에서 공부하는 학생 집단.
1학년에 다섯 학급이 있어요.
학급 활동을 열심히 하자.

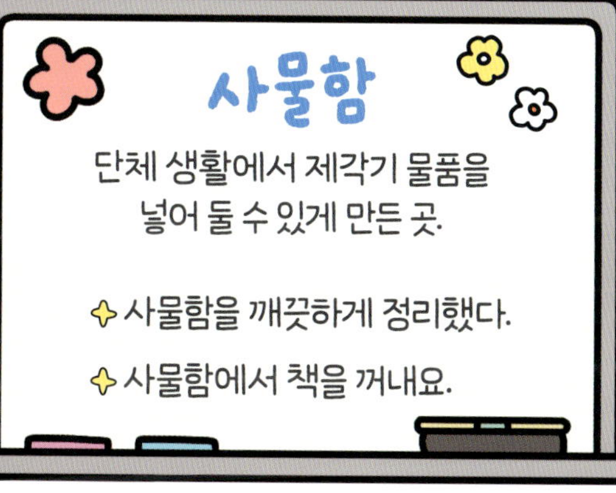

사물함
단체 생활에서 제각기 물품을
넣어 둘 수 있게 만든 곳.
사물함을 깨끗하게 정리했다.
사물함에서 책을 꺼내요.

분실하다
나도 모르는 사이에 물건 등을 잃어버림.
교통 카드를 분실했어요.
분실한 필통을 찾으러 다시 교실에 갔다.

교탁
선생님이 수업을 할 때에 책을
올려놓기 위해 칠판 앞에 놓은 탁자.
선생님께서 교탁을 두드리셨어요.
숙제를 교탁 위에 올려놓아라.

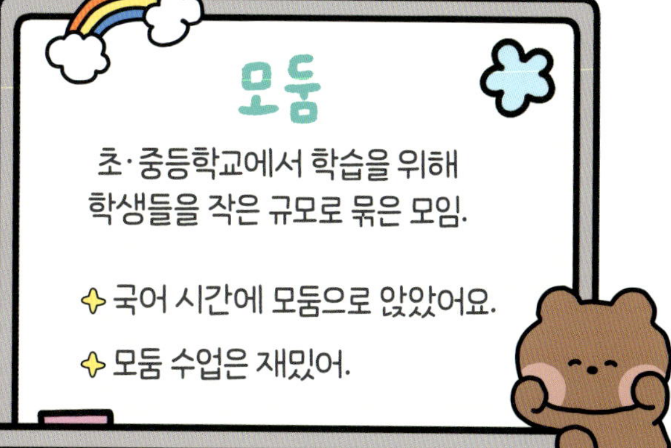

모둠
초·중등학교에서 학습을 위해
학생들을 작은 규모로 묶은 모임.
국어 시간에 모둠으로 앉았어요.
모둠 수업은 재밌어.

문제를 풀며, 배운 어휘를 확인해 보세요.

♪ '학급'의 뜻을 찾아 ○ 하세요.

실내에서 운동을 할 수 있도록 지은 건물.	한 교실에서 공부하는 학생 집단.	학교의 문.

♪ 아래 대화를 읽고 밑줄 친 어휘의 뜻을 찾아 선으로 이으세요.

교실에 들어가면 가장 먼저 뭐 해?

사물함에서 교과서를 꺼내야지!

단체 생활에서 제각기 물품을 넣어 둘 수 있게 만든 곳.

유치원, 초등학교, 중·고등학교에서 학습 활동이 이루어지는 곳.

♪ 빈칸에 들어갈 알맞은 어휘를 찾아 ○ 하세요.

① 아무리 찾아도 없네, [ ] 했나 봐! | 분실 | 분장 |

② 우리 [ ] 이 가장 먼저 발표했어요. | 도움 | 모둠 |

배운 어휘를 이용해 문해력과 표현력을 키워 보세요.

보기에서 알맞은 어휘를 찾아 빈 곳에 쓰세요.

보기 학급, 교탁, 사물함

우리 ____________ 게시판.

____________에 붙은 이름표를 확인해요.

뜻이 잘 전달되도록 문장을 완성하세요.

청소하자.	주변을	모둠 활동이	끝났으니

____

첫	교실에	번째로	왔다.

____

찾았어!	연필을 우연히	분실했던

____

그림을 보며 학습 어휘인 **선생님**을 익히고,
선생님과 관련이 있는 연관 어휘를 알아보아요.

학습 어휘

선생님

학생을 가르치는 사람을 높여서 부르는 말.

예시 문장을 읽으며 학습 어휘 **선생님**과
선생님의 연관 어휘가 어떻게 쓰이는지 살펴보아요.

선생님

- 나는 우리 선생님이 제일 좋아!
- 선생님이 들려주신 이야기가 정말 재미있었다.

담임

한 학급이나 한 학년을 책임지고 맡은 사람.

- 우리 반 담임 선생님.
- 작년에 담임이셨던 선생님께 인사를 드렸다.

교사

초등학교, 중·고등학교에서 일정한 자격을 가지고 학생을 가르치는 사람.

- 우리 학교의 국어 교사는 총 10명이다.
- 삼촌은 평생 교사의 길을 걸었어요.

스승

나를 가르치고 이끌어 주는 사람.

- 그분은 훌륭한 스승입니다.
- 5월 15일은 스승의 날이다.

가르치다

지식이나 기능, 이치 등을 깨닫게 하거나 익히게 하다.

- 우리 선생님은 국어를 잘 가르쳐 주신다.
- 형이 덧셈을 가르쳐 주었어.

문제를 풀며, 배운 어휘를 확인해 보세요.

♪ 어휘를 보고 알맞은 뜻을 찾아 선으로 이으세요.

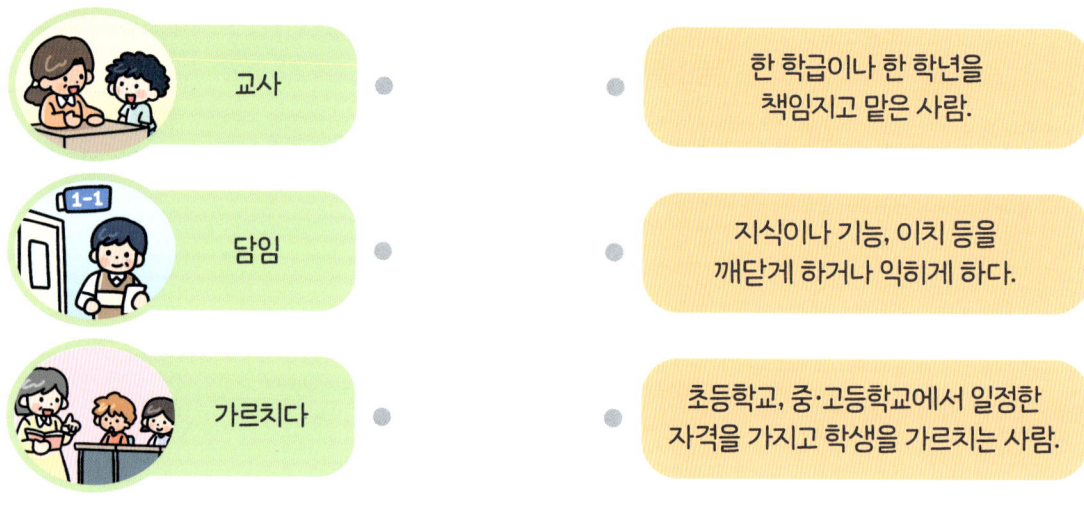

어휘		뜻
교사		한 학급이나 한 학년을 책임지고 맡은 사람.
담임		지식이나 기능, 이치 등을 깨닫게 하거나 익히게 하다.
가르치다		초등학교, 중·고등학교에서 일정한 자격을 가지고 학생을 가르치는 사람.

♪ '스승'의 뜻이 바른 말풍선을 찾아 ○ 하세요.

신문이나 방송에 실을 기사를 쓰는 사람이야.

나를 가르치고 이끌어 주는 사람이야.

시를 전문적으로 짓는 사람이야.

♪ '선생님'이 바르게 쓰인 문장을 찾아 ○ 하세요.

① 우리 선생님은 항상 웃으면서 이야기를 들어 주세요. (　　　)

② 사물함에서 선생님을 꺼냈어. (　　　)

배운 어휘를 이용해 문해력과 표현력을 키워 보세요.

어휘의 뜻을 읽고, 선을 따라가 빈 곳에 알맞은 어휘를 쓰세요.

학생을 가르치는 사람을 높여서 선생님이라고 해.

교사는 초등학교, 중·고등학교에서 일정한 자격을 가지고 학생을 가르치는 사람이야.

담임은 한 학급이나 한 학년을 책임지고 맡은 사람을 말해.

나를 가르치고 이끌어 주는 사람을 스승이라고 해.

우리 ________ 은 친절하게 설명해 주셔!

1학년 3반 ________ 선생님.

삼촌은 수학 ________ 야.

________ 의 날에 편지를 드렸어요.

그림을 보며 학습 어휘인 **교과서**를 익히고,
교과서와 관련이 있는 연관 어휘를 알아보아요.

학습 어휘

교과서

학교에서 교재로 사용하기 위하여 만든 책.

즐거운 우리 반

1	국어	미술	체육	국어	미술
2	수학	국어	미술	음악	수학
3	음악	창체	통합	안전	국어
4	체육	수학	체육	수학	통합
5	통합			미술	

시간표

주제

관찰하다

과목

국어

분류하다

어휘 설명

예시 문장을 읽으며 학습 어휘 **교과서**와
교과서의 연관 어휘가 어떻게 쓰이는지 살펴보아요.

교과서

- 새 학기 교과서를 받았다.
- 수업 시작 전에 미리 교과서를 준비해요.

시간표

시간을 나누어서 시간대별로
할 일 등을 적은 표.

- 시간표를 확인하고 가방을 챙겼다.
- 시간표대로 생활해요.

주제

대화나 연구 등에서 중심이 되는 문제.

- 주제와 관련 없는 대화잖아.
- 학교를 주제로 정했어요.

관찰하다

사물이나 현상을 자세히 살펴보다.

- 꽃을 구석구석 관찰했어요.
- 친구의 모습을 관찰해 그림으로 그려라.

과목

가르치거나 배워야 할 지식을
분야에 따라 나눈 영역.

- 난 과목 가운데 국어가 제일 좋아!
- 체육 과목은 반드시 필요하다.

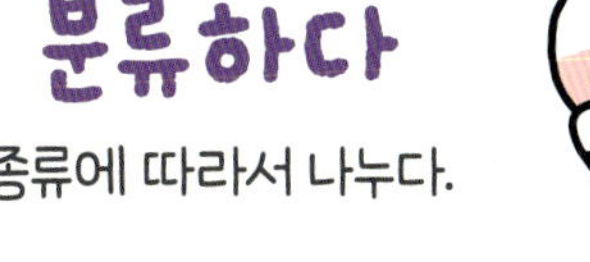

분류하다

종류에 따라서 나누다.

- 블록을 색깔별로 분류했다.
- 재활용 쓰레기를 분류하세요.

문제를 풀며, 배운 어휘를 확인해 보세요.

♪ '주제'의 뜻을 찾아 ○ 하세요.

대화나 연구 등에서 중심이 되는 문제.	예전부터 전해지는 이야기	하나하나의 짧은 이야기 토막.

♪ 아래 대화를 읽고 밑줄 친 어휘의 뜻을 찾아 선으로 이으세요.

과학 과목 시간에 뭐 한대?

꽃을 관찰한대!

재밌겠다!

가르치거나 배워야 할 지식을 분야에 따라 나눈 영역.

사물이나 현상을 자세히 살펴보다.

♪ 빈칸에 들어갈 알맞은 어휘를 찾아 ○ 하세요.

① (　　　　)에 이름을 써요. | 화장실 | 교과서 |

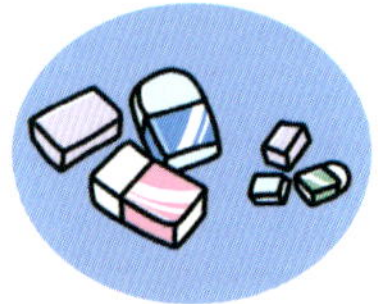

② 지우개를 크기별로 (　　　　). | 분류했다 | 가르쳤다 |

배운 어휘를 이용해 문해력과 표현력을 키워 보세요.

뜻이 잘 전달되도록 문장을 완성하세요.

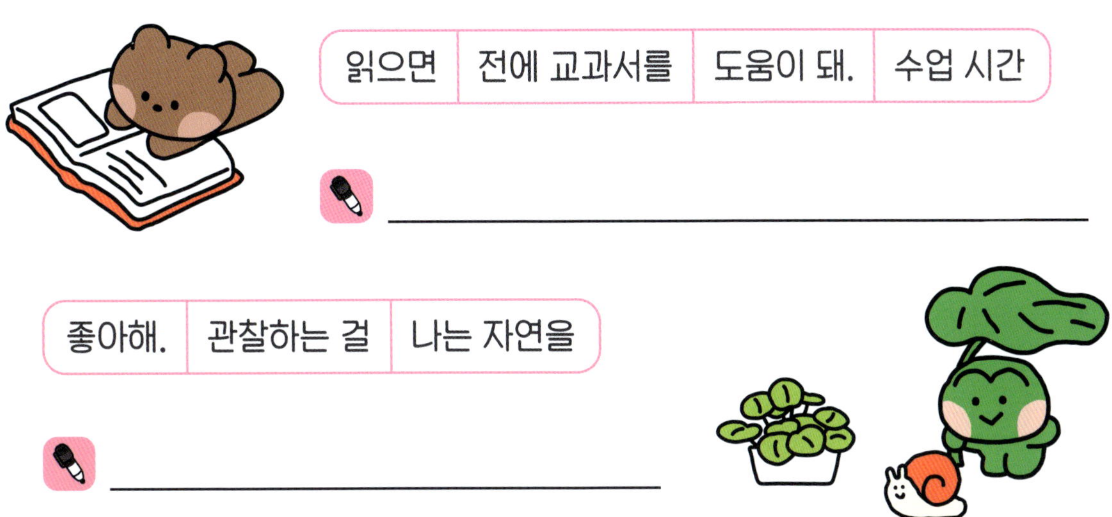

읽으면	전에 교과서를	도움이 돼.	수업 시간

____

좋아해.	관찰하는 걸	나는 자연을

____

문장이 완성되도록 알맞은 글자를 찾아 빈칸에 쓰세요.

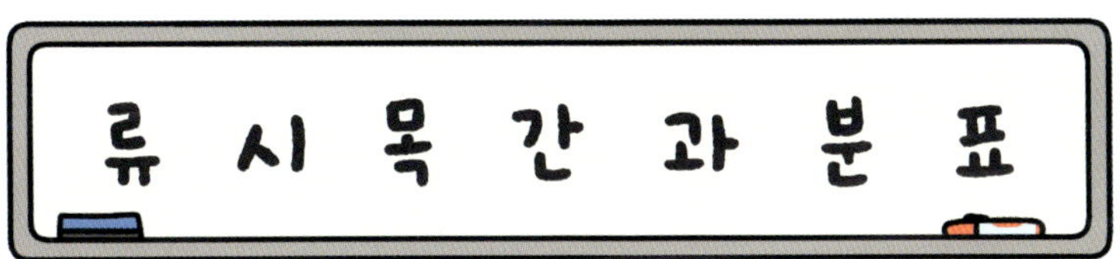

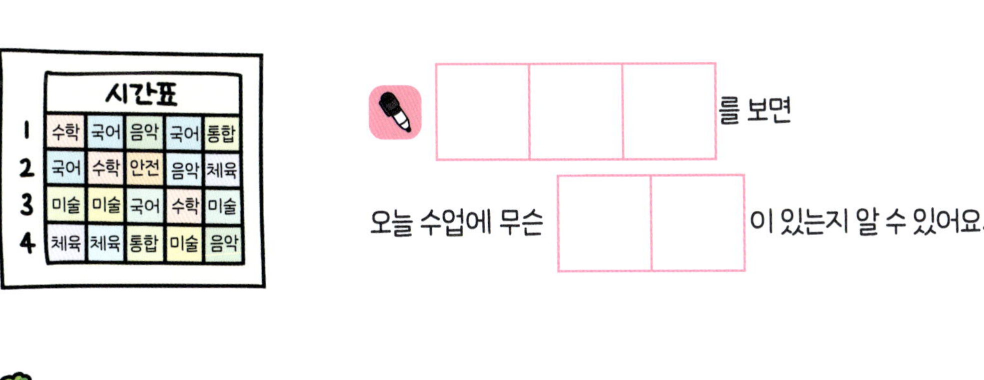

시간표

1	수학	국어	음악	국어	통합
2	국어	수학	안전	음악	체육
3	미술	미술	국어	수학	미술
4	체육	체육	통합	미술	음악

[ ][ ][ ]를 보면
오늘 수업에 무슨 [ ][ ]이 있는지 알 수 있어요.

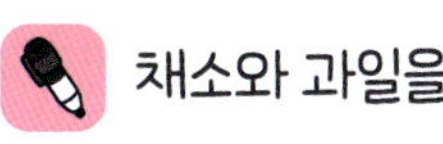
채소와 과일을  [ ][ ]했어요.

그림을 보며 학습 어휘인 **친구**를 익히고,
친구와 관련이 있는 연관 어휘를 알아보아요.

학습 어휘

친구 친하게 오래 사귄 사람.

우정

배려하다

단짝

인사

사이좋다

예시 문장을 읽으며 학습 어휘 **친구**와
친구의 연관 어휘가 어떻게 쓰이는지 살펴보아요.

친구

✧ 친구랑 놀이터에서 놀았어요.

✧ 등굣길에 친구를 만났다.

우정

친구 사이의 사랑하는 마음.

✧ 우리 우정 변치 말자!

✧ 그 친구와는 어릴 때부터 같이 놀며 끈끈한 우정을 쌓았다.

배려하다

도와주거나 보살펴 주려고 생각하며 마음을 쓰다.

✧ 동생을 배려하며 놀았어요.

✧ 친구의 기분을 배려하니 더 친해졌다.

단짝

서로 매우 친해서 늘 함께 어울리는 사이.

✧ 나도 단짝이 생겼어!

✧ 단짝이랑 짝꿍이 되어 너무 좋아요.

인사

만나거나 헤어질 때에 예의를 나타내는 말이나 행동.

✧ 교문에서 친구를 만나 반갑게 인사했다.

✧ 언제나 웃으며 인사해요.

사이좋다

서로 정답거나 친하다.

✧ 사이좋은 우리 가족.

✧ 친구들과 사이좋게 지내려고 노력하고 있어요.

어휘 확인

문제를 풀며, 배운 어휘를 확인해 보세요.

♪ 어휘를 보고 알맞은 뜻을 찾아 선으로 이으세요.

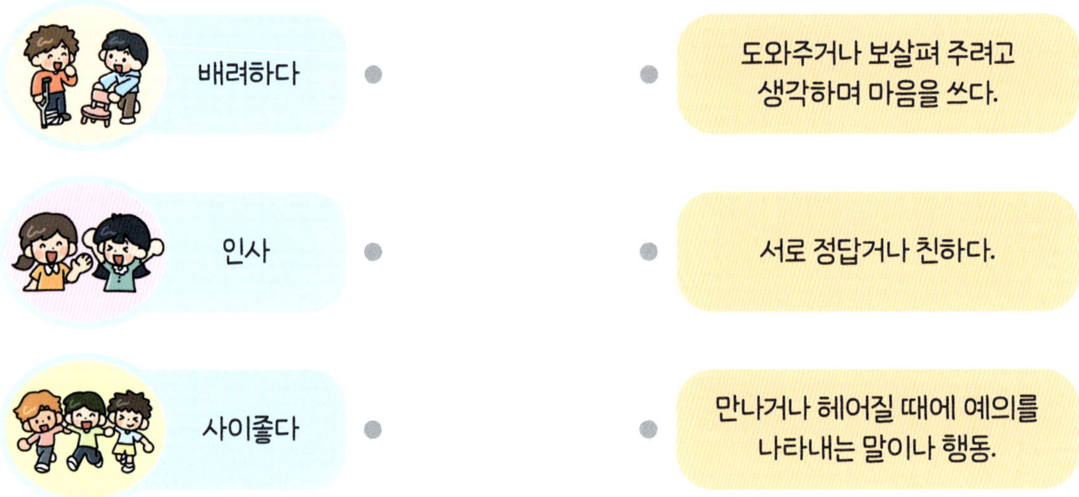
배려하다
인사
사이좋다
도와주거나 보살펴 주려고 생각하며 마음을 쓰다.
서로 정답거나 친하다.
만나거나 헤어질 때에 예의를 나타내는 말이나 행동.

♪ 어휘의 뜻이 알맞은 말풍선을 모두 찾아 색칠하세요.

단짝은 서로 매우 친해서 늘 함께 어울리는 사이야.

친구는 경기나 시합에서 승부를 겨루는 상대편을 말해.

친구 사이의 사랑하는 마음을 우정이라고 해.

♪ '친구'가 바르게 쓰인 문장을 찾아 ○ 하세요.

① 친구와 눈이 마주치자 깔깔 웃음이 났다. (　　　　)

② 오늘은 날씨가 너무 맑아서 친구가 좋아. (　　　　)

배운 어휘를 이용해 문해력과 표현력을 키워 보세요.

보기에서 알맞은 어휘를 찾아 빈 곳을 채워 동시를 완성하세요.

보기 사이좋은, 인사, 우정, 친구

내 짝꿍

늘 웃는 얼굴로

반갑게 ________ 하는

우리는 ________.

가끔은 다투다가도

금세 웃음꽃 피우는

________________ 우리 사이.

우리 ________ 은

나무처럼 쑥쑥 자라

언제까지나 친구.

그림을 보며 학습 어휘인 **공부**를 익히고,
공부와 관련이 있는 연관 어휘를 알아보아요.

배우다

숙제

학습 어휘

공부

지식이나 기술을 배우고 익힘.

익히다

외우다

3X1=3, 3X2=6
3X3=9, 3X4=12

예시 문장을 읽으며 학습 어휘 **공부**와
공부의 연관 어휘가 어떻게 쓰이는지 살펴보아요.

공부

- 맞춤법 공부는 재미있어!
- 공부하다가 쉬는 시간에 간식을 먹었어요.

배우다

몰랐던 새로운 지식이나 교양을 얻다.

- 새로운 외국어를 배웠어.
- 형에게 수학 문제 푸는 방법을 배웠어요.

숙제

복습이나 예습을 위해 학생들에게 내 주는 과제.

- 숙제가 너무 많아.
- 선생님께서 숙제 검사를 하셨다.

익히다

여러 번 경험하여 능숙하게 하다.

- 드디어 줄넘기하는 방법을 익혔다.
- 자전거 타는 법을 스스로 익혀서 정말 뿌듯해!

외우다

말이나 글을 잊지 않고 기억하여 두다.

- 구구단 외운 것을 들어 볼래?
- 엄마, 아빠 전화번호를 외웠어요.

문제를 풀며, 배운 어휘를 확인해 보세요.

♪ '배우다'의 뜻을 찾아 ○ 하세요.

단체 생활에서 제각기 물품을 넣어 둘 수 있게 만든 곳.	종류에 따라서 나누다.	몰랐던 새로운 지식이나 교양을 얻다.

♪ 아래 대화를 읽고 밑줄 친 어휘의 뜻을 찾아 선으로 이으세요.

오늘 숙제가 뭐야?

오늘 배운 노래 가사 외우기.

복습이나 예습을 위해 학생들에게 내 주는 과제.

말이나 글을 잊지 않고 기억하여 두다.

♪ 빈칸에 들어갈 알맞은 어휘를 찾아 ○ 하세요.

① 연습하면 피아노 치는 법을 [　　　]. | 익힐 수 있어 | 따질 수 있어 |

② 주말 동안 받아쓰기 [　　　]를 했어요. | 청소 | 공부 |

배운 어휘를 이용해 문해력과 표현력을 키워 보세요.

♫ 뜻이 잘 전달되도록 문장을 완성하세요.

연습하면	계속	외워질	거야!

____

____

배우는	색칠하는	법을	중이야.

____

____

♫ 문장이 완성되도록 알맞은 글자를 찾아 빈칸에 쓰세요.

공 양 오 부
친구랑 하니까 더 재밌어!
명 숙 모 제
로 가족을 그렸어요.

그림을 보며 학습 어휘인 **차례차례**를 익히고,
차례차례와 관련이 있는 연관 어휘를 알아보아요.

학습 어휘

차례차례 순서에 따라 차례로.

규칙

질서

순서

약속

예시 문장을 읽으며 학습 어휘 **차례차례**와
차례차례의 연관 어휘가 어떻게 쓰이는지 살펴보아요.

차례차례

- 차례차례 버스를 타요.
- 줄을 서서 차례차례 급식을 받았다.

규칙

여러 사람이 다 같이 지키기로 정한 법칙과 질서.

- 게임 규칙이 복잡해서 너무 어려웠다.
- 규칙에 따라 정정당당하게 하자.

질서

혼란스럽지 않고, 잘 돌아가게 하는 순서나 차례.

- 질서를 안 지켜서 엉망이다.
- 질서를 지켜 차례차례 앉았어요.

순서

어떤 일을 하거나 어떤 일이 이루어지는 차례.

- 다음은 우리 모둠 발표 순서야!
- 번호 순서대로 줄을 섰어요.

약속

다른 사람과 어떤 일을 하기로 미리 정하거나 정한 내용.

- 약속 장소와 시간을 정하자.
- 친구와의 약속을 잊고 늦잠을 잤다.

어휘 확인

문제를 풀며, 배운 어휘를 확인해 보세요.

어휘를 보고 알맞은 뜻을 찾아 선으로 이으세요.

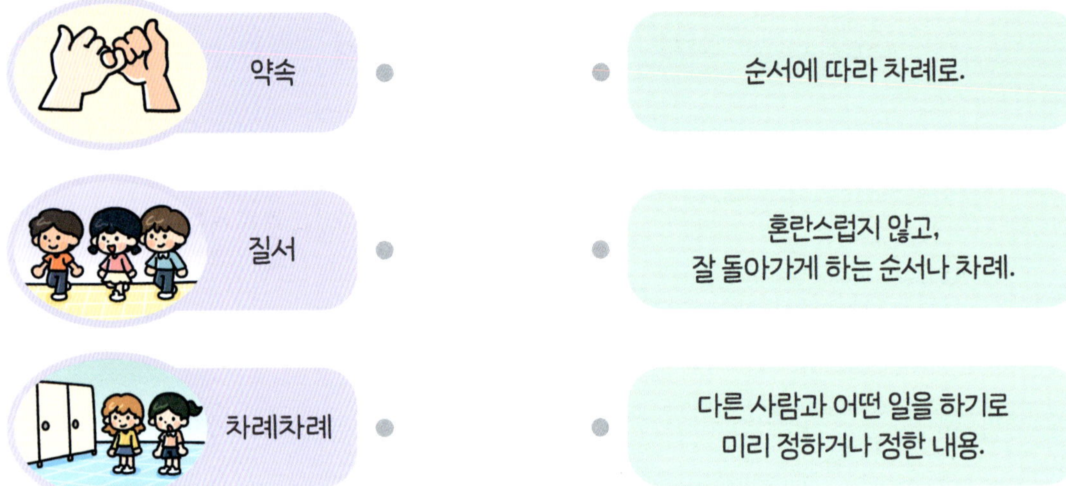
약속
질서
차례차례
순서에 따라 차례로.
혼란스럽지 않고,
잘 돌아가게 하는 순서나 차례.
다른 사람과 어떤 일을 하기로
미리 정하거나 정한 내용.

'규칙'의 뜻이 바른 말풍선을 색칠하세요.

친구에게
기쁜 마음으로
축하해 주는 거야.

뭐든지 맛있게
잘 먹는 걸 말해.

여러 사람이
다 같이 지키기로
정한 법칙과 질서야.

'순서'가 바르게 쓰인 문장을 찾아 ○ 하세요.

① 나는 순서를 친구에게 선물했어. (　　　)

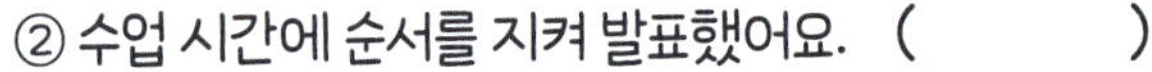

② 수업 시간에 순서를 지켜 발표했어요. (　　　)

배운 어휘를 이용해 문해력과 표현력을 키워 보세요.

보기에서 알맞은 어휘를 찾아 빈 곳에 쓰세요.

보기 질서, 순서, 규칙, 차례차례

_______________ 있게 줄을 서요.

다 놀고 나서는 장난감을 정리하는 게

우리 집 _______________ 이에요.

뜻이 잘 전달되도록 문장을 완성하세요.

차례차례	걸어가자.	순서에 맞춰

약속한	연주하면	대로	돼.

____

삼행시 짓기 놀이

보기에서 알맞은 어휘를 찾아 빈 곳을 채워 삼행시를 완성하세요.

보기 우정, 친구, 인사, 약속

자 — 자전거 타고 ________ 랑 놀기로 ________ 한 날.

동 — 동네 공원에서 만나자마자 반갑게 ________ 했지.

차 — 차곡차곡 추억도 쌓고, ________ 도 쌓았어.

칠판에 쓰여 있는 어휘 가운데 하나를 골라 삼행시를 지어 보세요.

사물함 선생님
교과서 시간표
배우다
익히다 외우다

4장 자연
동물
자연
식물
계절
바다
환경 보호
산

그림을 보며 학습 어휘인 **자연**을 익히고,
자연과 관련이 있는 연관 어휘를 알아보아요.

학습 어휘

자연 사람의 힘이 더해지지 않고 저절로 생겨난 산, 강, 바다, 식물, 동물 등.

숲

경치

씨앗

풀뿌리

예시 문장을 읽으며 학습 어휘 자연과
자연의 연관 어휘가 어떻게 쓰이는지 살펴보아요.

자연

✧ 시냇물 소리가 마치 자연이 만든 노래 같아.

✧ 자연 속에서 산책하니, 기분이 상쾌했어요.

경치

산과 들, 강, 바다 등의 자연이나 지역의 모습.

✧ 경치가 너무 예쁘다.

✧ 높은 곳에서 보니 경치가 환상적이야.

숲

수풀의 준말로, 나무들이 무성하게 우거지거나 꽉 찬 것.

✧ 숲에 가면 시원해.

✧ 숲에서 캠핑을 했어요.

씨앗

곡식이나 채소 등의 씨.

✧ 씨앗을 심고 물을 주었어.

✧ 모든 식물은 씨앗에서 자라나.

풀뿌리

풀의 뿌리.

✧ 풀뿌리가 삐죽 튀어나와 있어요.

✧ 강아지가 풀뿌리 냄새를 맡는다.

문제를 풀며, 배운 어휘를 확인해 보세요.

'자연'의 뜻을 찾아 ○ 하세요.

꾸며서 하는 것.	사람의 힘이 더해지지 않고 저절로 생겨난 산, 강, 바다, 식물, 동물 등.	사람의 힘으로 이루어진 것.

아래 대화를 읽고 밑줄 친 어휘의 뜻을 찾아 선으로 이으세요.

숲에 오니까 공기가 정말 좋다!

여기서 바라보는 경치도 정말 멋져!

산과 들, 강, 바다 등의 자연이나 지역의 모습.

수풀의 준말로, 나무들이 무성하게 우거지거나 꽉 찬 것.

빈칸에 들어갈 알맞은 어휘를 찾아 ○ 하세요.

① 방울토마토 ☐ 을 화분에 심었다. | 자연 | 씨앗 |

② ☐ 를 뽑아서 엄마에게 혼났어요. | 공기 | 풀뿌리 |

배운 어휘를 이용해 문해력과 표현력을 키워 보세요.

뜻이 잘 전달되도록 문장을 완성하세요.

튀어나온	넘어지다니!	걸려서	풀뿌리에

 ______________________________

나올까?	싹이	씨앗에서	오늘 심은

____

문장이 완성되도록 알맞은 글자를 찾아 빈칸에 쓰세요.

  에서 신나게 놀았어요.

  좋은 곳에서 사진을 찍었어요.

그림을 보며 학습 어휘인 **동물**을 익히고,
동물과 관련이 있는 연관 어휘를 알아보아요.

학습 어휘

동물 사람을 제외한 길짐승, 날짐승, 물짐승 등을 통틀어 부르는 말.

짐승

먹이

반려동물

입양하다

예시 문장을 읽으며 학습 어휘 **동물**과
동물의 연관 어휘가 어떻게 쓰이는지 살펴보아요.

동물

✧ 나는 털이 있는 동물이 귀여워.

✧ 책에서 신기한 바다 동물을 봤어요.

짐승

몸에 털이 난 네발 동물.

✧ 산속에서 짐승을 만나면 정말 무서울 것 같아.

✧ 책에서 무서운 짐승이 나왔다.

반려동물

사람과 함께 살면서 가족처럼 지내고 기르는 동물.

✧ 내 반려동물은 앵무새야.

✧ 반려동물은 인생에서 아주 소중한 존재이다.

먹이

동물이 살아가기 위하여 먹어야 할 거리나 기르는 동물에게 주는 먹을거리.

✧ 강아지가 먹이를 아주 잘 먹는다.

✧ 호랑이가 새끼에게 먹일 먹이를 사냥해요.

입양하다

절차를 거쳐 자신이 낳지 않은 사람이나 동물을 가족으로 들이다.

✧ 길고양이를 입양했다.

✧ 반려동물을 입양할 때 신중해야 해.

그림을 보며 학습 어휘인 **식물**을 익히고,
식물과 관련이 있는 연관 어휘를 알아보아요.

학습 어휘

식물 풀, 나무와 같이 광합성으로 스스로 양분을 만들고, 옮겨 다닐 수 없는 생물.

햇빛

낙엽

새싹

바스락

보살피다

예시 문장을 읽으며 학습 어휘 **식물**과
식물의 연관 어휘가 어떻게 쓰이는지 살펴보아요.

식물

✧ 나는 방에서 식물을 기르고 있어.

✧ 식물은 물과 햇빛이 꼭 필요해요.

햇빛

해의 빛.

✧ 햇빛이 쨍쨍해서 모자를 썼어요.

✧ 비 온 뒤에 햇빛이 나니까
무지개가 떴어.

낙엽

말라서 떨어진 나뭇잎.

✧ 바람에 낙엽이 춤추듯 날린다.

✧ 고운 낙엽을 책 사이에 끼워 말렸어요.

새싹

새로 돋아나는 싹.

✧ 봄이 오면 새싹이 돋아날 거야.

✧ 새싹이 쑥쑥 자라고 있다.

바스락

마른 잎, 종이 등을 가볍게 밟거나
뒤적일 때 나는 소리.

✧ 바람이 불자 나뭇잎이 바스락,
흔들렸어요.

✧ 바스락 소리에 놀라 뒤를
돌아보았다.

보살피다

정성을 기울여 여러모로 보호하며 돕다.

✧ 화분에 심은 방울토마토를 열심히
보살폈어요.

✧ 정성껏 보살폈더니 예쁜 꽃이 폈다.

문제를 풀며, 배운 어휘를 확인해 보세요.

'낙엽'의 뜻을 찾아 ○ 하세요.

새로 나오는 싹.	말라서 떨어진 나뭇잎.	붉은빛이나 누런빛으로 변한 잎.

아래 대화를 읽고 밑줄 친 어휘의 뜻을 찾아 선으로 이으세요.

어제 심은 씨앗에서 <u>새싹</u>이 돋아날까?

잘 <u>보살피면</u> 뽕 하고 나올 거야.

정성을 기울여 여러모로 보호하며 돕다.

새로 돋아나는 싹.

빈칸에 들어갈 알맞은 어휘를 찾아 ○ 하세요.

① [ ] 에 눈이 부셔 선글라스를 꼈어요. | 햇빛 | 그늘 |

② 착한 말을 해 주면 [ ] 도 더 잘 자란대요. | 식물 | 식품 |

배운 어휘를 이용해 문해력과 표현력을 키워 보세요.

뜻이 잘 전달되도록 문장을 완성하세요.

문장이 완성되도록 초성을 참고해 알맞은 어휘를 빈칸에 쓰세요.

ㄴ ㅇ 위를 걸으니
ㅂ ㅅ ㄹ 소리가 났어.
화분에 작은 ㅅ ㅆ 이 돋아났다.

그림을 보며 학습 어휘인 **계절**을 익히고,
계절과 관련이 있는 연관 어휘를 알아보아요.

사계절

폭염

학습 어휘

계절

일 년을 날씨가 달라지는 봄·여름·가을·겨울로 나눈 것.

기온

한파

예시 문장을 읽으며 학습 어휘 **계절**과
계절의 연관 어휘가 어떻게 쓰이는지 살펴보아요.

계절

- 계절마다 피는 꽃이 달라요.
- 가장 좋아하는 계절은 뭐야?

사계절

봄·여름·가을·겨울의 네 계절.

- 우리나라는 사계절이 뚜렷해.
- 소나무는 사계절 푸르러요.

폭염

무척 심한 더위.

- 물놀이를 하며 폭염을 이겨 내다.
- 폭염에는 시원한 물을 많이 마셔야 해.

기온

지구를 둘러싸고 있는 공기의 온도.

- 낮 기온과 밤 기온이 달라요.
- 기온이 갑자기 변해서 감기에 걸렸다.

한파

겨울철에 갑자기 온도가 내려가는 현상.

- 한파 때문에 너무 춥다.
- 한파가 심해 강물이 얼었어요.

문제를 풀며, 배운 어휘를 확인해 보세요.

어휘를 보고 알맞은 뜻을 찾아 선으로 이으세요.

'사계절'의 뜻이 바른 말풍선을 찾아 ○ 하세요.

겨울과 여름 사이의 계절이야.
비가 계속 내리는 날이야.
봄·여름·가을·겨울의 네 계절을 말해.

'계절'이 바르게 쓰인 문장을 찾아 ○ 하세요.

① 오늘 계절은 26도래요. (　　　)

② 계절 중에 여름, 겨울이 좋은 이유는 바로 방학 때문이야! (　　　)

배운 어휘를 이용해 문해력과 표현력을 키워 보세요.

보기에서 알맞은 어휘를 찾아 빈 곳에 쓰세요.

보기 기온, 한파, 계절, 폭염

가을은 단풍이 드는 ________ 이에요.

________ 이 높아서 반팔, 반바지를 입어요.

뜻이 잘 전달되도록 문장을 완성하세요.

한파가	추워!	너무	와서

 ____

제일	힘들어.	중에	겨울이 사계절

 ____

그림을 보며 학습 어휘인 **바다**를 익히고,
바다와 관련이 있는 연관 어휘를 알아보아요.

학습 어휘

바다 지구에서 육지 이외의 부분으로 짠물이 차 있는 넓고 큰 곳.

등대

항구

돛단배

파도

백사장

예시 문장을 읽으며 학습 어휘 **바다**와 **바다**의 연관 어휘가 어떻게 쓰이는지 살펴보아요.

바다

- 바다를 보면 가슴이 뻥 뚫리는 기분이야!
- 바다에서 수영하면 재밌어요.

등대

밤에 배들이 안전하게 다니도록 안내하기 위해 섬이나 바닷가에 높이 세워 불을 비추는 시설.

- 밤에 등대 불빛이 깜빡였어요.
- 바닷가에 빨간 등대가 서 있다.

항구

배가 안전하게 드나들 수 있도록 강가나 바닷가에 만든 시설.

- 배가 항구에 들어왔어요.
- 항구 옆에 있는 시장에서 생선을 샀다.

돛단배

바람을 받아 움직일 수 있도록 돛을 매달아 놓은 배.

- 돛단배가 바다 위를 지나가요.
- 돛단배를 타고 모험을 떠나고 싶어!

파도

바다에서 생기는 물결.

- 파도가 철썩철썩 부서지다.
- 파도가 햇빛을 받아서 반짝반짝 빛나!

백사장

강가나 바닷가의 흰모래가 깔린 곳.

- 백사장에서 모래놀이를 했다.
- 백사장을 걸었어.

문제를 풀며, 배운 어휘를 확인해 보세요.

'바다'의 뜻을 찾아 ○ 하세요.

땅이 아래로 우묵하게 파여 물이 모여 있는 곳.	실내에서 운동을 할 수 있게 만든 건물.	지구에서 육지 이외의 부분으로 짠물이 차 있는 넓고 큰 곳.

아래 대화를 읽고 밑줄 친 어휘의 뜻을 찾아 선으로 이으세요.

백사장에 누워서 책을 읽으니 술술 읽히네!

나는 항구 끝까지 걸어가서 사진을 찍어 올게!

배가 안전하게 드나들 수 있도록 강가나 바닷가에 만든 시설.

강가나 바닷가의 흰모래가 깔린 곳.

빈칸에 들어갈 알맞은 어휘를 찾아 ○ 하세요.

① ☐ 가 밤바다를 밝혀요. 파도 | 등대

② ☐ 의 하얀 돛이 펄럭여요. 돛단배 | 잠수함

어휘 활용

배운 어휘를 이용해 문해력과 표현력을 키워 보세요.

밑줄 친 어휘가 문장에서 알맞게 쓰였으면 ○, 잘못 쓰였으면 ✕를 따라가 길을 찾아가세요.

출발
배들이 항구에 줄지어 서 있어요.
큰 파도가 밀려와 도망쳤어요.
백사장에서 조개껍데기를 주웠어요.
바다를 책가방에 챙겼어요.
배가 길을 잃지 않게 등대가 빛을 비춰요.
돛단배를 손목에 차고 학교에 갔어요.
도착

그림을 보며 학습 어휘인 산을 익히고,
산과 관련이 있는 연관 어휘를 알아보아요.

봉우리

비탈

골짜기

낭떠러지

학습 어휘

산 땅보다 높이 솟아 있는 부분.

예시 문장을 읽으며 학습 어휘 산과
산의 연관 어휘가 어떻게 쓰이는지 살펴보아요.

산

- 주말에 가족과 산에 올라갔어요.
- 산 정상에 올라 마시는 물이 달다.

봉우리

산꼭대기에서 뾰족하게 솟은 부분.

- 봉우리가 뾰족하게 솟아 있었어요.
- 봉우리에 구름이 걸려 있다.

비탈

산이나 언덕 등이 기울어진 상태나 정도, 또는 그렇게 기울어진 곳.

- 비탈에 꽃이 피어 있었어요.
- 비탈을 오르니 힘들었다.

골짜기

산과 산 사이에 깊게 패어 들어간 곳.

- 골짜기에서 시냇물이 졸졸 흘렀어요.
- 말소리가 골짜기에서 메아리처럼 울렸어요.

낭떠러지

길이 끝나 더 이상 갈 수 없는 높은 절벽.

- 낭떠러지 아래를 바라만 봐도 아찔했어요.
- 낭떠러지를 봐, 엄청 높아!

문제를 풀며, 배운 어휘를 확인해 보세요.

어휘를 보고 알맞은 뜻을 찾아 선으로 이으세요.

'산'의 뜻이 바른 말풍선을 찾아 ○ 하세요.

평평하고 넓은 땅이야.
땅보다 높이 솟아 있는 부분이야.
비가 아주 적게 내리고 모래로 뒤덮인 땅이지.

'비탈'이 바르게 쓰인 문장을 찾아 ○ 하세요.

① 비탈은 책을 빌려 읽거나 공부를 할 수 있는 곳이야. (　　　)

② 비탈에서 킥보드를 타면 위험해. (　　　)

배운 어휘를 이용해 문해력과 표현력을 키워 보세요.

뜻이 잘 전달되도록 문장을 완성하세요.

가 보자!	산에	이번에는 이

____

올라가	봉우리까지	꼭	보자!

____

문장이 완성되도록 알맞은 글자를 찾아 빈칸에 쓰세요.

☐☐ 을 내려가다가 미끄러졌어요.

☐☐☐ 에 시원한 폭포가 있다.

그림을 보며 학습 어휘인 **환경 보호**를 익히고,
환경 보호와 관련이 있는 연관 어휘를 알아보아요.

학습 어휘

환경 보호

자연환경의 오염을 막아
쾌적한 생활을 유지하기 위해 환경을
잘 가꾸고 깨끗이 보존하는 일.

오염

보존하다

종이

플라스틱

분리배출

분리수거

함부로

예시 문장을 읽으며 학습 어휘 **환경 보호**와
환경 보호의 연관 어휘가 어떻게 쓰이는지 살펴보아요.

환경 보호

- 환경 보호를 위해 일회용품 사용을 줄여요.
- 물을 아껴 쓰는 것도 환경 보호야.

오염

더럽게 물들거나 더럽게 물들게 함.

- 자동차 매연은 공기를 오염시켜요.
- 쓰레기를 아무 데나 버리면 환경이 오염돼요.

보존하다

잘 보호하고 간수해 남기다.

- 지구를 보존하는 건 우리 모두의 일이에요.
- 자연을 보존해야 해.

분리배출

쓰레기를 종류별로 나누어서 버림.

- 올바른 분리배출이 지구를 살려요.
- 분리배출에도 방법이 있다.

분리수거

쓰레기나 재활용품 등을 종류별로 나누어서 버린 걸 가져감.

- 깨끗하게 씻어서 버려야 분리수거가 제대로 돼.
- 종이와 플라스틱을 분리수거했다.

함부로

생각 없이 마음대로 마구.

- 산에서 불을 함부로 피우면 위험해요.
- 책상에 함부로 낙서하면 안 돼.

문제를 풀며, 배운 어휘를 확인해 보세요.

'분리수거'의 뜻을 찾아 ○ 하세요.

흐트러진 것을 한데 모으거나 가지런히 바로잡음.	오는 사람을 나가서 맞이함.	쓰레기나 재활용품 등을 종류별로 나누어서 버린 걸 가져 감.

아래 대화를 읽고 밑줄 친 어휘의 뜻을 찾아 선으로 이으세요.

난 자연을 보존하기 위해서 가까운 거리는 걸어 다녀.

음식을 남기지 않는 것도 환경 보호를 위한 일이야.

잘 보호하고 간수해 남기다.

자연환경의 오염을 막아 쾌적한 생활을 유지하기 위해 환경을 잘 가꾸고 깨끗이 보존하는 일.

빈칸에 들어갈 알맞은 어휘를 찾아 ○ 하세요.

① 쓰레기를 (   ) 버리면 안 돼요.

함부로	서둘러

② 아빠와 함께 (   )을 했어요.

분리배출	욱신욱신

배운 어휘를 이용해 문해력과 표현력을 키워 보세요.

보기에서 알맞은 어휘를 찾아 빈 곳을 채워 동시를 완성하세요.

보기 오염, 보존해요, 함부로, 환경 보호

깨끗한 지구

우리가 함께하는 _______ _______,

지구는 방긋 웃어요.

길바닥에 쓰레기를 _________ 버리면,

지구는 콕콕 아파요.

_______ 없는 세상,

우리 손으로 지켜요.

깨끗한 지구,

우리가 __________.

정답

10쪽
'외모'의 뜻을 찾아 ○ 하세요.
책이나 공책 같은 학용품.
겉으로 보이는 모양.
동물의 먹이.
아래 대화를 읽고 밑줄 친 어휘의 뜻을 찾아 선으로 이으세요.
운동을 했더니 몸이 건강해진 것 같아!
나도 열심히 운동하고 있어. 내 몸은 소중하니까!
매우 귀하고 중요하다.
사람이나 동물의 모습을 이루는 머리부터 발끝까지의 전체나 그것의 활동 기능과 상태.
빈칸에 들어갈 알맞은 어휘를 찾아 ○ 하세요.
① 을 위해 음식을 골고루 먹어야 해요. 약속 성장
② 운동을 꾸준히 하면 가 튼튼해진다 신체 놀이
11쪽
보기에서 알맞은 어휘를 찾아 빈 곳에 쓰세요.
보기 몸, 소중하다, 성장, 외모
잠을 자는 동안 우리 몸 은 쉬어요.
우리는 성장 기 어린이야!
뜻이 잘 전달되도록 문장을 완성하세요.
나는 내 | 들어! | 외모가 | 정말 마음에
나는 내 외모가 정말 마음에 들어!
소중하게 | 자신을 | 참 멋져! | 생각하는 건
자신을 소중하게 생각하는 건 참 멋져!
소중하게 자신을 생각하는 건 참 멋져!
14쪽
어휘를 보고 알맞은 뜻을 찾아 선으로 이으세요.
후각
촉각
시각
눈으로 보고 느끼는 감각.
코로 냄새를 맡아서 느끼는 감각.
피부에 닿아서 느끼는 감각.
어휘의 뜻이 바른 말풍선을 모두 찾아 색칠하세요.
혀로 맛을 느끼는 감각을 미각이라고 해.
감각은 내가 좋아하는 활동을 말해.
청각은 귀로 소리를 듣고 느끼는 감각이야.
'감각'이 바르게 쓰인 문장을 찾아 ○ 하세요.
① 눈, 귀, 코, 혀, 피부로 느끼는 다섯 가지 감각을 오감이라고 합니다. (○)
② 돌팔까 봐 감각이 돼서 발표를 못 하겠어! ( )
15쪽
사다리를 타고 내려가 빈 곳에 알맞은 어휘를 쓰세요.
미각
감각
후각
청각
감각
미각
후각
청각
18쪽
'흐뭇하다'의 뜻을 찾아 ○ 하세요.
마음에 들지 않아서 불쾌하다.
마음에 꼭 들어 매우 만족스럽다.
실제보다 지나치게 부풀리다.
아래 대화를 읽고 밑줄 친 어휘의 뜻을 찾아 선으로 이으세요.
오해받아서 정말 서러워!
그런 감정이 드는 건 당연해!
어떤 일이나 대상에 대해 생기는 마음이나 느끼는 기분.
원하고 억울해서 슬프다.
빈칸에 들어갈 알맞은 어휘를 찾아 ○ 하세요.
① 강아지는 꼬리로 기분을 수 있어요. 표현할 포장할
② 어제 소식을 들었어요. 뜨거운 언짢은
19쪽
뜻이 잘 전달되도록 문장을 완성하세요.
흐뭇해! | 거울로 보니 | 내 얼굴을
내 얼굴을 거울로 보니 흐뭇해!
많아서 기분이 | 숙제가 | 언짢았다.
숙제가 많아서 기분이 언짢았다.
문장이 완성되도록 알맞은 글자를 찾아 빈칸에 쓰세요.
서 현 게 표 럽
내 감정을 그림으로 표 현 해요.
서 럽 게 엉엉 울었어요.
22쪽
어휘를 보고 알맞은 뜻을 찾아 선으로 이으세요.
걸음걸이
자세
보폭
걸음을 걷는 모양새.
걸을 때 앞에 디딘 발에서 뒤에 있던 발까지의 거리.
몸을 움직이거나 행동을 할 때의 모양.
'종종'의 뜻이 바른 말풍선을 찾아 ○ 하세요.
친구와 함께 손잡고 뛰어가는 모양이야.
발걸음을 가까이 자주 떼며 빨리 걷는 모양이야.
졸릴 때 천천히 걷는 모양이야.
'바른 걸음'이 바르게 쓰인 문장을 찾아 ○ 하세요.
① 바른 걸음으로 앉아서 책을 읽어요. ( )
② 복도에서 뛰지 않고 바른 걸음으로 걸어요. (○)
23쪽
문장이 완성되도록 알맞은 글자를 찾아 빈칸에 쓰세요.
걷다 달리다
모 폭 포 보
달릴 때는 보 폭 이 넓어져요.
걸 악 음 걸 오 이
할머니의 걸 음 걸 이 는 느릿느릿해요.
뜻이 잘 전달되도록 문장을 완성하세요.
비가 와서 | 걸었어. | 종종
비가 와서 종종 걸었어.
달려야 해. | 달릴 때도 | 바른 자세로
달릴 때도 바른 자세로 달려야 해.
26쪽
'꿈'의 뜻을 찾아 ○ 하세요.
서로 싸우거나 해치려고 하는 상대.
앞으로 이루고 싶은 희망이나 목표.
다른 사람에게 물건을 줌.
아래 대화를 읽고 밑줄 친 어휘의 뜻을 찾아 선으로 이으세요.
애들아~ 장래 희망 있어?
난 어른이 되면 요리사가 될 거야!
난 아직 탐색하고 있어~
사라지거나 드러나지 않은 것을 자세히 살펴 찾다.
앞으로 하고자 하는 일이나 직업에 대한 희망.
다 자라서 자기 일에 책임을 질 수 있는 사람.
빈칸에 들어갈 알맞은 어휘를 찾아 ○ 하세요.
① 미래 모습을 그렸어. 즐거워서 상상해서
② 우리 아빠 은 작가야. 작업 직진

27쪽

뜻이 잘 전달되도록 문장을 완성하세요.

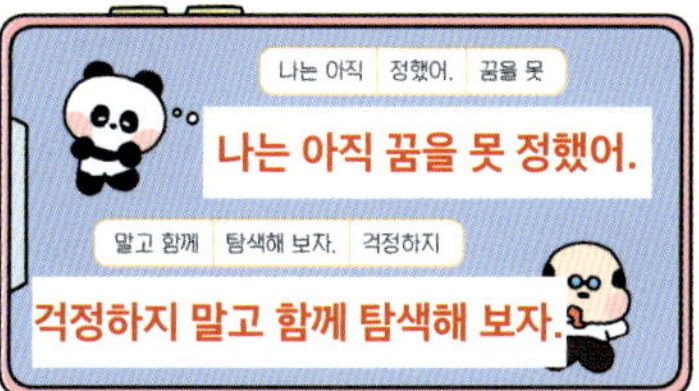

문장이 완성되도록 초성을 참고해 알맞은 어휘를 빈칸에 쓰세요.

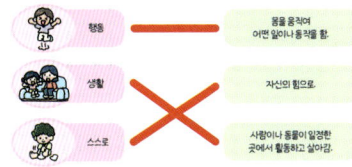

내가 커서 되고 싶은 직업 은 화가야.

어른 이 된 모습을 상상 했어.

30쪽

어휘를 보고 알맞은 뜻을 찾아 선으로 이으세요.

- 행동 — 몸을 움직여 어떤 일이나 동작을 함.
- 생활 — 사람이나 동물이 일정한 곳에서 활동하고 살아감.
- 스스로 — 자신의 힘으로.

'습관'의 뜻이 바른 말풍선을 찾아 ○ 하세요.

- 재미로 즐겨서 하는 일을 말해.
- 어떤 행동을 오랫동안 되풀이하는 과정에서 저절로 익혀진 것이야. (○)
- 나만의 특별한 기술이나 재능을 말해.

'실천하다'가 바르게 쓰인 문장을 찾아 ○ 하세요.

① 환경을 지키기 위해 일회용품을 덜 쓰는 생활을 실천해요! (○)

② 친구의 선물을 실천할 수 없었어. ( )

31쪽

뜻을 읽고 알맞은 어휘를 빈칸에 쓰세요.

34쪽

'균형'의 뜻을 찾아 ○ 하세요.

- 어느 한쪽으로 기울거나 치우치지 않고 고른 상태. (○)
- 더 좋은 상태로 나아감.
- 어찌할 줄 몰라 괴로워하고 애태우는 상태.

아래 대화를 읽고 밑줄 친 어휘의 뜻을 찾아 선으로 이으세요.

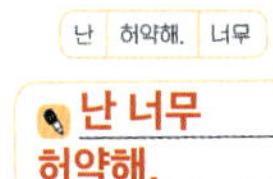

- 건강 — 정신과 몸이 아무 탈이 없고 튼튼하거나 그런 상태.
- 운동 — 사람이 몸을 단련하거나 건강을 위해 몸을 움직이는 일.

빈칸에 들어갈 알맞은 어휘를 찾아 ○ 하세요.

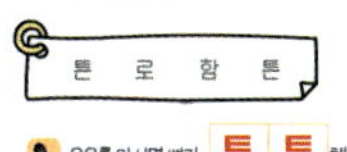

35쪽

뜻이 잘 전달되도록 문장을 완성하세요.

난 | 허약해. | 너무
난 너무 허약해.
싶으면 | 건강하고 | 운동을 | 하자!
건강하고 싶으면 운동을 하자!

문장이 완성되도록 알맞은 글자를 찾아 빈칸에 쓰세요.

장 균 모 형
균형 잡기가 너무 어려워.

튼 로 함 튼
우유를 마시면 뼈가 튼튼 해져요.

38쪽

어휘를 보고 알맞은 뜻을 찾아 선으로 이으세요.

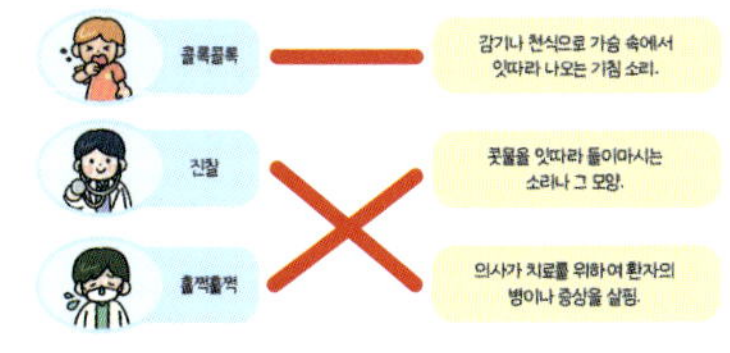

어휘의 뜻이 바른 말풍선을 모두 찾아 ○ 하세요.

'전염'이 바르게 쓰인 문장을 찾아 ○ 하세요.

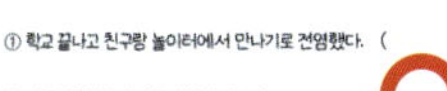

① 학교 끝나고 친구랑 놀이터에서 만나기로 전염했다. ( )
② 요즘 유행하는 독감은 전염이 빠르대! (○)

39쪽

보기에서 알맞은 어휘를 찾아 빈 곳을 채워 동시를 완성하세요.

보기: 진찰, 욱신욱신, 훌쩍훌쩍, 콜록콜록

감기

머리가 욱신욱신

콧물이 훌쩍훌쩍

기침이 콜록콜록

엄마 손잡고 병원에 가서

진찰 을 받으니

주사를 맞으라는 의사 선생님.

아야, 순식간에

주사 한 방 따끔!

눈물이 찔끔!

40쪽

가로와 세로의 뜻을 읽고, 알맞은 어휘를 빈칸에 쓰세요.

44쪽
'식구'의 뜻을 찾아 ○ 하세요.
한 집에서 함께 살면서 밥을 함께 먹는 사람.
듣기 좋게 꾸며서 하는 말.
몸을 움직이거나 가누는 모양.
아래 대화를 읽고 밑줄 친 어휘의 뜻을 찾아 선으로 이으세요.
넌 형제자매가 있니?
아니, 난 외동이야.
다른 자식 없이 단 하나인 자식.
남자 형제와 여자 형제를 동시에 이르는 말.
빈칸에 들어갈 알맞은 어휘를 찾아 ○ 하세요.
① 바닷가로 여행을 다녀왔어요. 가족 가장
② 청소 시간에 내 은 신발 정리야. 역할 균형
45쪽
보기에서 알맞은 어휘를 찾아 빈 곳에 쓰세요.
보기 가족, 외동, 형제자매, 부모님
우리 부모님 은 노래를 잘 부르셔.
우리 가족 은 세 명이야.
뜻이 잘 전달되도록 문장을 완성하세요.
친구가 외동이어도 괜찮아! 있으니
외동이어도 친구가 있으니 괜찮아!
친구가 있으니 외동이어도 괜찮아!
역할을 내가 형제자매 해 줄게!
내가 형제자매 역할을 해 줄게!
48쪽
어휘와 알맞은 뜻을 찾아 선으로 이으세요.
가정
천장
앞뜰
집의 앞쪽에 있는 빈 땅.
지붕의 안쪽이나 건축물의 내부 공간의 위쪽 면.
한 가족이 모여 사는 집이나 그 공동체.
어휘 뜻이 바른 말풍선을 모두 찾아 ○ 하세요.
'집'이 바르게 쓰인 문장을 찾아 ○ 하세요.
① 집에 가서 예방 주사를 맞았어. ( )
② 길 건너편 집에 친구가 살고 있어요. (○)
49쪽
뜻이 잘 전달되도록 문장을 완성하세요.
물을 잘 줘야 해. 키우려면 식물을 실내에서
식물을 실내에서 키우려면 물을 잘 줘야 해.
안전하게 타야 해! 자전거는
자전거는 안전하게 타야 해!
문장이 완성되도록 초성을 참고해 알맞은 어휘를 빈칸에 쓰세요.
천 장 에 달린 선풍기가 돌아가요.
집 앞 뜰 에서 강아지가 뛰어놀아요.
52쪽
'웃어른'의 뜻을 찾아 ○ 하세요.
나이가 비슷하거나 아래인 사람.
나이나 지위 등이 자기보다 높은 윗사람.
한 집안에서 먼저 태어나 살다가 돌아가신 어른.
아래 대화를 읽고 밑줄 친 어휘의 뜻을 찾아 선으로 연결하세요.
식사 예절에는 어떤 게 있어?
음식물을 씹으며 말하지 않는 게 바른 식사 예절이야.
말이나 행동 등이 규칙과 예절에 어긋나지 않고 들어맞다.
사람이 지켜야 하는 바르고 공손한 태도나 절차, 질서.
빈칸에 들어갈 알맞은 어휘를 찾아 ○ 하세요.
① 선물을 받았을 때 고맙다고 말하는 건 예요. 예의 오해
② 급식실에서 순서를 줄을 서요. 밀쳐 지켜
53쪽
사다리를 타고 내려가 빈 곳에 알맞은 어휘를 쓰세요.
바르지 예절 웃어른 지켜
예절 웃어른 바르지 지켜
56쪽
어휘를 보고 알맞은 뜻을 찾아 선으로 이으세요.
야외
여행
계획
집이나 건물의 밖.
앞으로 할 일의 순서와 방법 등을 미리 생각해 정하거나 정한 내용.
일을 하거나 구경을 목적으로 다른 지역이나 외국에 가는 일.
어휘의 뜻이 바른 말풍선을 모두 찾아 색칠하세요.
'소풍'이 바르게 쓰인 문장을 찾아 ○ 하세요.
① 주말에 근처 공원으로 소풍을 갔어요. (○)
② 식물을 자세히 소풍하여 기록했어요. ( )
57쪽
문장이 완성되도록 알맞은 글자를 찾아 빈칸에 쓰세요.
외 관 야 광
관 광 을 하며 사진을 찍었어요.
야 외 에서 줄넘기를 했어요.
뜻이 잘 전달되도록 문장을 완성하세요.
뭐야? 계획이 이제
이제 계획이 뭐야?
계획이 이제 뭐야?
당연히 먹어야지! 소풍이니까
소풍이니까 당연히 먹어야지!
60쪽
'성묘'의 뜻을 찾아 ○ 하세요.
조상의 산소를 찾아서 돌보거나 돌보는 일.
원하는 것을 이룸.
음식을 차리는 데 쓰는 상.
아래 대화를 읽고 밑줄 친 어휘의 뜻을 찾아 선으로 이으세요.
이번 명절에 뭐 해?
할머니, 할아버지 산소에 갈 거야.
사람의 무덤을 높여 이르는 말.
설날이나 추석처럼 해마다 일정하게 지켜 즐기거나 기념하는 때.
빈칸에 들어갈 알맞은 어휘를 찾아 ○ 하세요.
① 집에 가는 길이야. 친척 산소
② 우리 형이에요. 명절 사촌

61쪽

뜻이 잘 전달되도록 문장을 완성하세요.

다 모였어. | 생신이라 | 친척들이 할머니

성묘하러 가. | 산소로 | 설날에는

설날에는 산소로 성묘하러 가.
산소로 설날에는 성묘하러 가.

문장이 완성되도록 알맞은 글자를 찾아 빈칸에 쓰세요.

김 사 주 촌
사 촌 을 만나면 언제나 즐거워요.

명 장 국 절
난 명 절 중에 추석이 제일 좋아!

64쪽

어휘를 보고 알맞은 뜻을 찾아 선으로 이으세요.

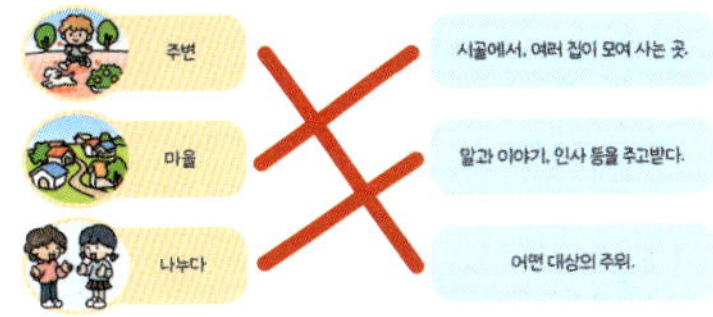

어휘의 뜻이 바른 말풍선을 모두 찾아 색칠하세요.

'동네'가 바르게 쓰인 문장을 찾아 ○ 하세요.

① 우리 동네에는 눈, 코, 입이 있어요. ( )

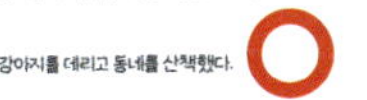

② 강아지를 데리고 동네를 산책했다.

65쪽

보기에서 알맞은 어휘를 찾아 빈 곳을 채워 동시를 완성하세요.

보기 정다운, 나누는, 동네, 이웃

아파트
우리 동네 에는
아파트가 나란히 나란히.
하하 호호 웃음소리 가득해.
산책길을 걷다가,
엘리베이터에서 만나도,
반가운 이웃 .
만나면 웃으며
인사를 나누는
정다운 우리 아파트.

66쪽

보기에 있는 어휘를 아래의 표에서 찾아 ○ 해 보세요.
단, 어휘는 가로나 세로에만 있어요.

보기 가족, 예절, 여행, 친척, 이웃, 형제자매, 역할, 주변, 야외, 정답다

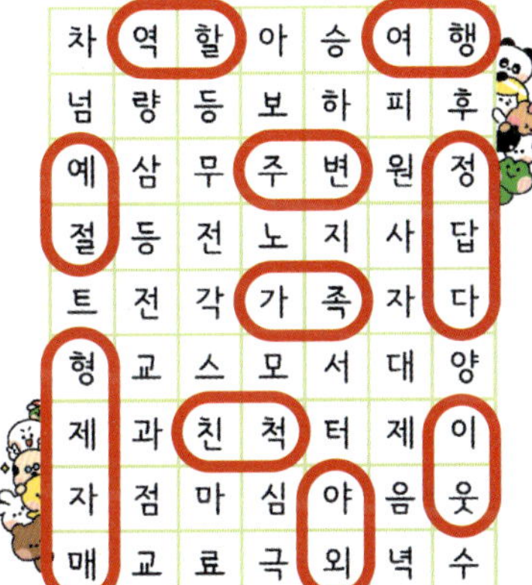

차	역	할	아	승	여	행
넘	량	등	보	하	피	후
예	삼	무	주	변	원	정
절	등	전	노	지	사	답
트	전	각	가	족	자	다
형	교	스	모	서	대	양
제	과	친	척	터	제	이
자	점	마	심	야	음	웃
매	교	료	극	외	녁	수

70쪽

'학급'의 뜻을 찾아 ○ 하세요.

실내에서 운동을 할 수 있도록 지은 건물.
한 교실에서 공부하는 학생 집단.
학교의 뜰.

아래 대화를 읽고 밑줄 친 어휘의 뜻을 찾아 선으로 이으세요.

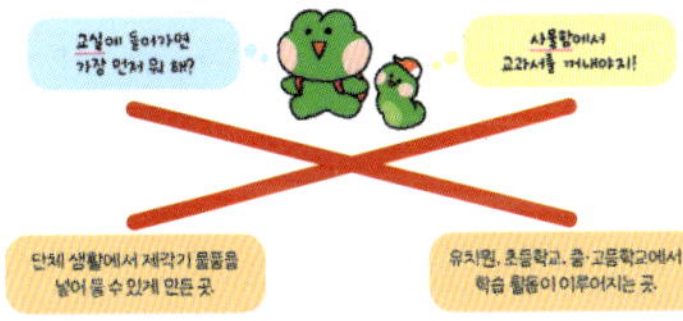

빈칸에 들어갈 알맞은 어휘를 찾아 ○ 하세요.

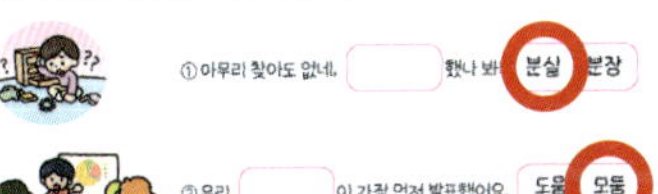

① 아무리 찾아도 없네. 했나 봐. 분실 분장
② 우리 이 가장 먼저 발표했어요. 도움 모둠

71쪽

보기에서 알맞은 어휘를 찾아 빈 곳에 쓰세요.

보기 학급, 교탁, 사물함
1학년 5반
우리 학급 게시판.

사물함 에 붙은 이름표를 확인해요.

뜻이 잘 전달되도록 문장을 완성하세요.

청소하자. | 주변을 | 모둠 활동이 | 끝났으니

모둠 활동이 끝났으니 주변을 청소하자.

첫 | 교실에 | 번째로 | 왔다.

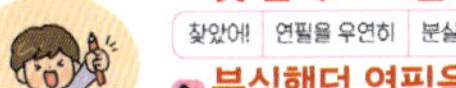

교실에 첫 번째로 왔다.

첫 번째로 교실에 왔다.

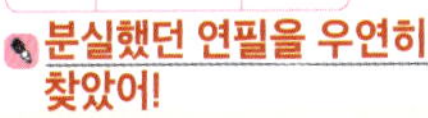

분실했던 연필을 우연히 찾았어!

74쪽

어휘를 보고 알맞은 뜻을 찾아 선으로 이으세요.

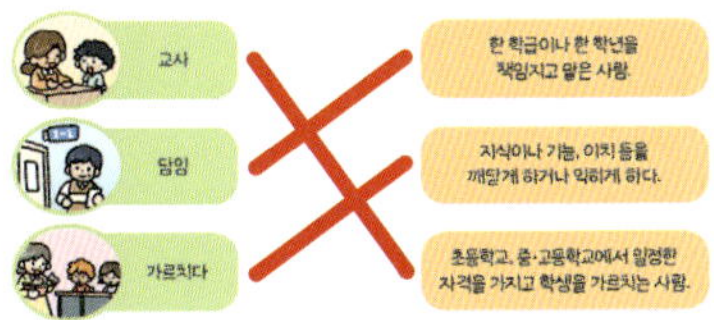

교사
담임
가르치다
한 학급이나 한 학년을 책임지고 맡은 사람.
지식이나 기능, 이치 등을 깨닫게 하거나 익히게 하다.
초등학교, 중·고등학교에서 일정한 자격을 가지고 학생을 가르치는 사람.

'스승'의 뜻이 바른 말풍선을 찾아 ○ 하세요.

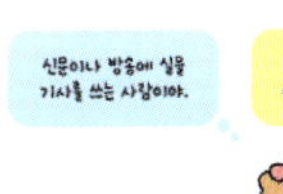

신문이나 방송에 실을 기사를 쓰는 사람이야.
시를 전문적으로 짓는 사람이야.

'선생님'이 바르게 쓰인 문장을 찾아 ○ 하세요.

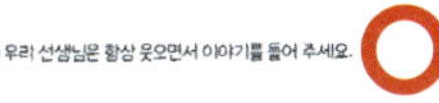

① 우리 선생님은 항상 웃으면서 이야기를 들어 주세요.

② 사물함에서 선생님을 꺼냈어. ( )

75쪽

어휘의 뜻을 읽고, 선을 따라가 빈 곳에 알맞은 어휘를 쓰세요.

학생을 가르치는 사람을 높여서 선생님이라고 해.
교사는 초등학교, 중·고등학교에서 일정한 자격을 가지고 학생을 가르치는 사람이야.
담임은 한 학급이나 한 학년을 책임지고 맡은 사람을 말해.
나를 가르치고 이끌어 주는 사람을 스승이라고 해.
선생님
담임
교사
스승

78쪽

'주제'의 뜻을 찾아 ○ 하세요.

예전부터 전해지는 이야기
하나하나의 짧은 이야기 토막.

아래 대화를 읽고 밑줄 친 어휘의 뜻을 찾아 선으로 이으세요.

빈칸에 들어갈 알맞은 어휘를 찾아 ○ 하세요.

② 지우개를 크기별로 분류했다 가르쳤다

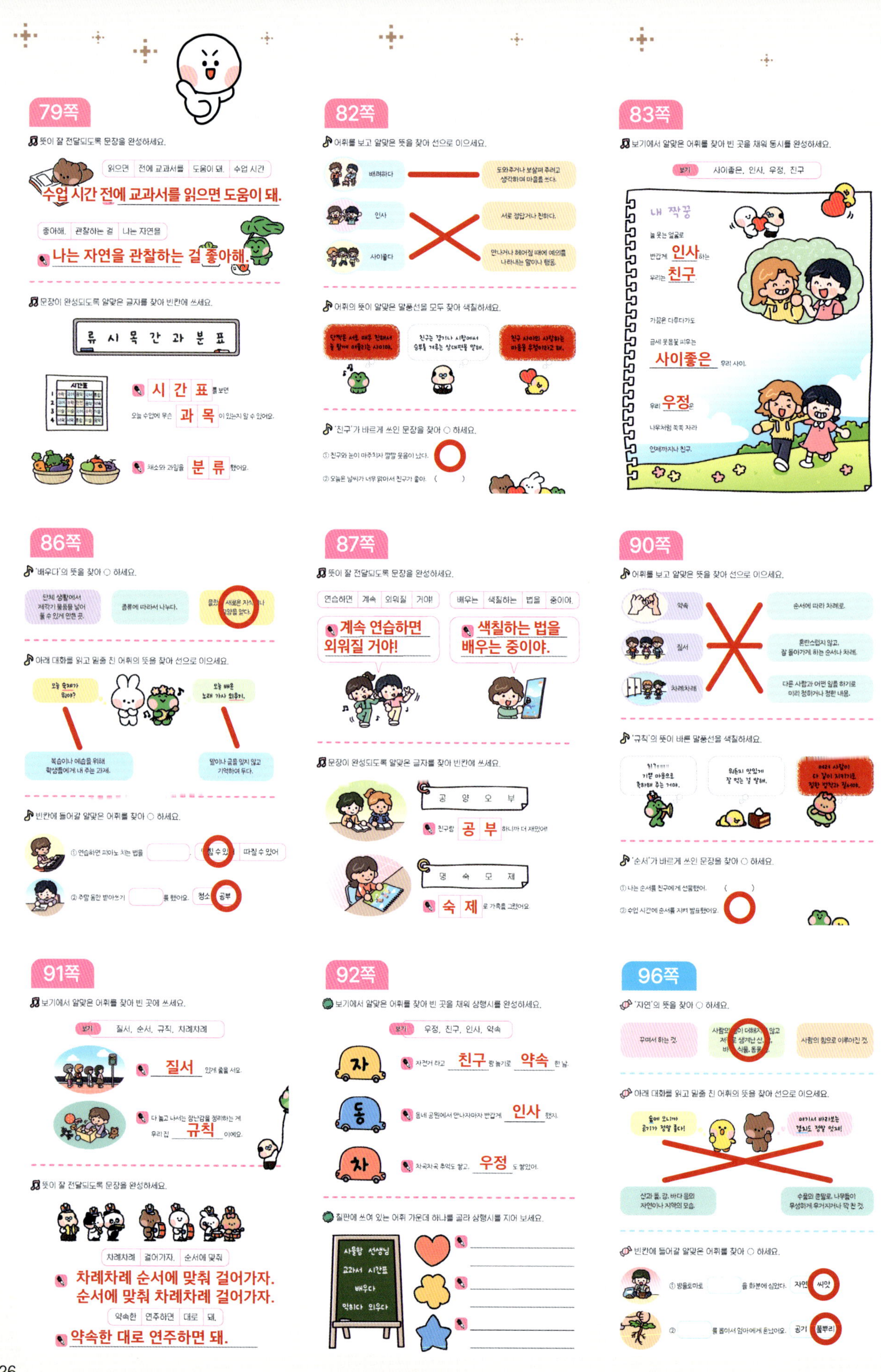
79쪽
뜻이 잘 전달되도록 문장을 완성하세요.
읽으면 | 전에 교과서를 | 도움이 돼. | 수업 시간
수업 시간 전에 교과서를 읽으면 도움이 돼.
좋아해. | 관찰하는 걸 | 나는 자연을
나는 자연을 관찰하는 걸 좋아해.
문장이 완성되도록 알맞은 글자를 찾아 빈칸에 쓰세요.
류 시 목 간 과 분 표
시간표
시 간 표를 보면
오늘 수업에 무슨 과 목이 있는지 알 수 있어요.
채소와 과일을 분 류했어요.
82쪽
어휘를 보고 알맞은 뜻을 찾아 선으로 이으세요.
배려하다
인사
사이좋다
도와주거나 보살펴 주려고 생각하여 마음을 쓰다.
서로 정답거나 친하다.
만나거나 헤어질 때에 예의를 나타내는 말이나 행동.
어휘의 뜻이 알맞은 말풍선을 모두 찾아 색칠하세요.
'친구'가 바르게 쓰인 문장을 찾아 ○ 하세요.
① 친구와 눈이 마주치자 깔깔 웃음이 납다.
② 오늘은 날씨가 너무 맑아서 친구가 좋아. ( )
83쪽
보기에서 알맞은 어휘를 찾아 빈 곳을 채워 동시를 완성하세요.
보기 사이좋은, 인사, 우정, 친구
내 짝꿍
늘 웃는 얼굴로
반갑게 인사하는
우리는 친구
가끔은 다투다가도
금세 웃음꽃 피우는
사이좋은 우리 사이.
우리 우정은
나무처럼 쑥쑥 자라
언제까지나 친구.
86쪽
'배우다'의 뜻을 찾아 ○ 하세요.
단체 생활에서 제각기 물품을 넣어 둘 수 있게 만든 곳.
종류에 따라서 나누다.
새로운 지식을 얻다.
아래 대화를 읽고 밑줄 친 어휘의 뜻을 찾아 선으로 이으세요.
복습이나 예습을 위해 학생들에게 내 주는 과제.
잊거나 글을 잊지 않고 기억하여 두다.
빈칸에 들어갈 알맞은 어휘를 찾아 ○ 하세요.
① 연습하면 피아노 치는 법을 칠 수 있어 | 따칠 수 있어
② 주말 동안 받아쓰기 를 했어요. 청소 | 공부
87쪽
뜻이 잘 전달되도록 문장을 완성하세요.
연습하면 | 계속 | 외워질 | 거야!
배우는 | 색칠하는 | 법을 | 중이야.
계속 연습하면 외워질 거야!
색칠하는 법을 배우는 중이야.
문장이 완성되도록 알맞은 글자를 찾아 빈칸에 쓰세요.
공 양 오 부
친구랑 공 부 하니까 더 재밌어!
명 숙 모 제
숙 제 로 가족을 그렸어요.
90쪽
어휘를 보고 알맞은 뜻을 찾아 선으로 이으세요.
약속
질서
차례차례
순서에 따라 차례로.
혼란스럽지 않고, 잘 돌아가게 하는 순서나 차례.
다른 사람과 어떤 일을 하기로 미리 정하거나 정한 내용.
'규칙'의 뜻이 바른 말풍선을 색칠하세요.
'순서'가 바르게 쓰인 문장을 찾아 ○ 하세요.
① 나는 순서를 친구에게 선물했어. ( )
② 수업 시간에 순서를 지켜 발표했어요.
91쪽
보기에서 알맞은 어휘를 찾아 빈 곳에 쓰세요.
보기 질서, 순서, 규칙, 차례차례
질서 있게 줄을 서요.
다 놀고 나서는 장난감을 정리하는 게 우리 집 규칙 이에요.
뜻이 잘 전달되도록 문장을 완성하세요.
차례차례 | 걸어가자. | 순서에 맞춰
차례차례 순서에 맞춰 걸어가자.
순서에 맞춰 차례차례 걸어가자.
약속한 | 연주하면 | 대로 | 돼.
약속한 대로 연주하면 돼.
92쪽
보기에서 알맞은 어휘를 찾아 빈 곳을 채워 삼행시를 완성하세요.
보기 우정, 친구, 인사, 약속
자 자전거 타고 친구 랑 놀기로 약속 한 날.
동 동네 공원에서 만나자마자 반갑게 인사 했지.
차 차곡차곡 추억도 쌓고, 우정 도 쌓았어.
칠판에 쓰여 있는 어휘 가운데 하나를 골라 삼행시를 지어 보세요.
사물함 선생님
교과서 시간표
배우다
익히다 외우다
96쪽
'자연'의 뜻을 찾아 ○ 하세요.
꾸며서 하는 것.
사람의 힘이 더해지지 않고 저절로 생겨난 산, 바다, 식물, 동물.
사람의 힘으로 이루어진 것.
아래 대화를 읽고 밑줄 친 어휘의 뜻을 찾아 선으로 이으세요.
산과 들, 강, 바다 등의 자연이나 지역의 모습.
수풀의 준말로, 나무들이 무성하게 우거지거나 꽉 찬 것.
빈칸에 들어갈 알맞은 어휘를 찾아 ○ 하세요.
① 방울토마토 을 화분에 심었다. 자연 | 씨앗
② 를 뽑아서 엄마에게 혼났어요. 공기 | 풀뿌리

97쪽

뜻이 잘 전달되도록 문장을 완성하세요.

튀어나온 | 넘어지다니! | 걸려서 | 풀뿌리에

튀어나온 풀뿌리에 걸려서 넘어지다니!

나올까? | 싹이 | 씨앗에서 | 오늘 심은

오늘 심은 씨앗에서 싹이 나올까?
싹이 오늘 심은 씨앗에서 나올까?

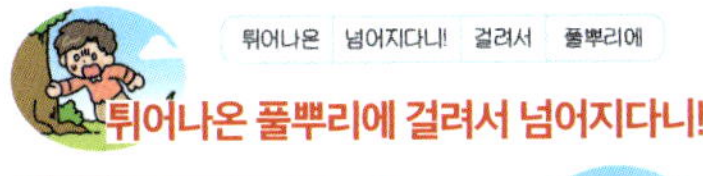

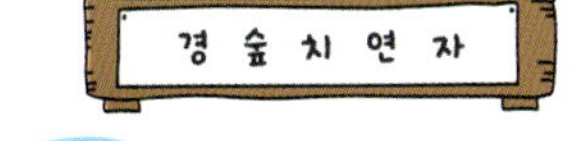

문장이 완성되도록 알맞은 글자를 찾아 빈칸에 쓰세요.

경 숲 치 연 자

 자 연 에서 신나게 놀았어요.

치 좋은 곳에서 사진을 찍었어요.

100쪽

어휘를 보고 알맞은 뜻을 찾아 선으로 이으세요.

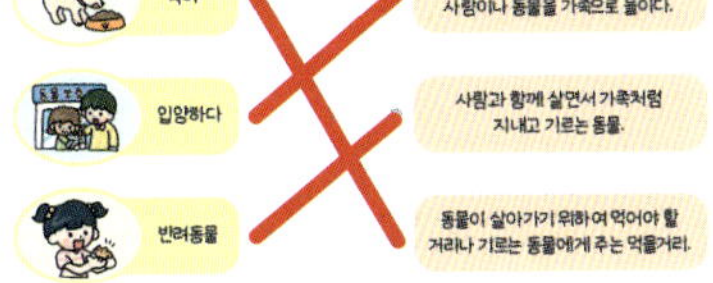

먹이
입양하다
반려동물
절차를 거쳐 자신이 낳지 않은 사람이나 동물을 가족으로 들이다.
사람과 함께 살면서 가족처럼 지내고 기르는 동물.
동물이 살아가기 위하여 먹어야 할 거리나 기르는 동물에게 주는 먹을거리.

'짐승'의 뜻이 바른 말풍선을 찾아 ○ 하세요.

물건을 넣어 들거나 메고 다닐 수 있게 만든 거야.
아이들이 가지고 노는 여러 가지 물건을 말해.

'동물'이 바르게 쓰인 문장을 찾아 ○ 하세요.

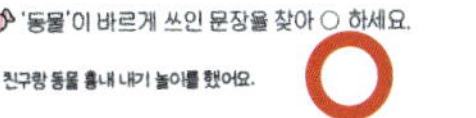

① 친구랑 동물 흉내 내기 놀이를 했어요.
② 선생님이 교실에 동물을 데려와서 상쾌해!

101쪽

사다리를 타고 내려가 빈 곳에 알맞은 어휘를 쓰세요.

104쪽

'낙엽'의 뜻을 찾아 ○ 하세요.

새로 나오는 싹.
붉은빛이나 누런빛으로 변한 잎.

아래 대화를 읽고 밑줄 친 어휘의 뜻을 찾아 선으로 이으세요.

어제 심은 씨앗에서 새싹이 돋아날까?
잘 보살피면 꽃 하고 나올 거야.
정성을 기울여 이리저리 보호하여 돕다.
새로 돋아나는 싹.

빈칸에 들어갈 알맞은 어휘를 찾아 ○ 하세요.

① 에 눈이 부셔 선글라스를 꼈어요. **햇빛** ○ 그늘
② 착한 말을 해 주면 도 잘 자란대요. **식물** ○ 식품

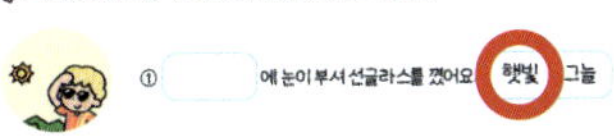

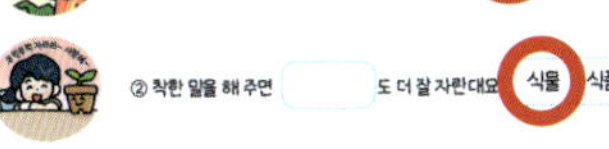

105쪽

뜻이 잘 전달되도록 문장을 완성하세요.

식물을 보살피지? 어떻게
어떻게 식물을 보살피지?
식물을 어떻게 보살피지?
햇빛도 물도 쐬게 주고 해 줘.
물도 주고 햇빛도 쐬게 해 줘.

문장이 완성되도록 초성을 참고해 알맞은 어휘를 빈칸에 쓰세요.

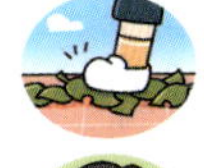

낙 엽 위를 걸으니

바 스 락 소리가 났어.

화분에 작은 새 싹 이 돋아났다.

108쪽

어휘를 보고 알맞은 뜻을 찾아 선으로 이으세요.

기온 — 무척 심한 더위.

폭염 ✕ 겨울철에 갑자기 온도가 내려가는 현상.

한파 — 지구를 둘러싸고 있는 공기의 온도.

'사계절'의 뜻이 바른 말풍선을 찾아 ○ 하세요.

겨울과 여름 사이의 계절이야.
비가 계속 내리는 날이야.

'계절'이 바르게 쓰인 문장을 찾아 ○ 하세요.

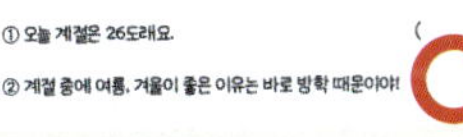

① 오늘 계절은 26도래요.
② 계절 중에 여름, 겨울이 좋은 이유는 바로 방학 때문이야!

109쪽

보기에서 알맞은 어휘를 찾아 빈 곳에 쓰세요.

보기 기온, 한파, 계절, 폭염

가을은 단풍이 드는 계절이에요.
기온이 높아서 반팔, 반바지를 입어요.

뜻이 잘 전달되도록 문장을 완성하세요.

한파가 추워! 너무 와서

한파가 와서 너무 추워!

제일 힘들어. 중에 겨울이 사계절

겨울이 사계절 중에 제일 힘들어.

112쪽

'바다'의 뜻을 찾아 ○ 하세요.

백사장에 책을 읽으니 숨이 활짝 편하네! | 나는 친구 올 때까지 걸어가서 사진을 찍어 올게!

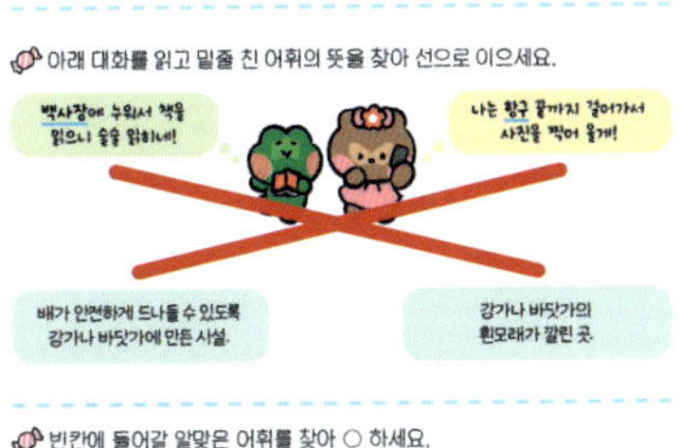

빈칸에 들어갈 알맞은 어휘를 찾아 ○ 하세요.

① 가 밤바다를 밝혀요. 파도 **등대** ○
② 의 하얀 돛이 멋있어요. **돛단배** ○ 잠수함

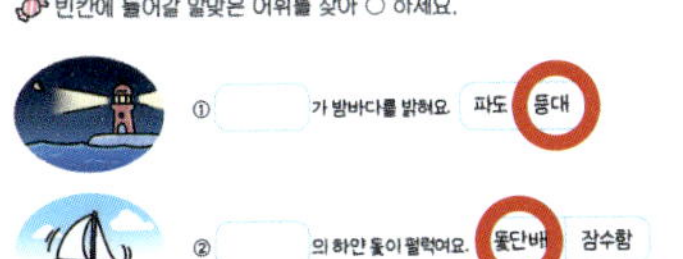

113쪽

116쪽

어휘를 보고 알맞은 뜻을 찾아 선으로 이으세요.

- 낭떠러지 — 길이 끝나 더 이상 갈 수 없는 높은 절벽.
- 골짜기 — 산과 산 사이에 깊게 패어 들어간 곳.
- 봉우리 — 산꼭대기에서 뾰족하게 솟은 부분.

'산'의 뜻이 바른 말풍선을 찾아 ○ 하세요.

- 평평하고 넓은 땅이야.
- 땅보다 높이 솟아 있는 부분이야. (○)
- 비가 아주 적게 내리고 모래로 뒤덮인 땅이지.

'비탈'이 바르게 쓰인 문장을 찾아 ○ 하세요.

① 비탈은 책을 빌려 읽거나 공부를 할 수 있는 곳이야. ( )

② 비탈에서 킥보드를 타면 위험해. (○)

117쪽

뜻이 잘 전달되도록 문장을 완성하세요.

가 보자! / 산에 / 이번에는 이

이번에는 이 산에 가 보자!

올라가 / 봉우리까지 / 꼭 / 보자!

봉우리까지 꼭 올라가 보자!

꼭 봉우리까지 올라가 보자!

문장이 완성되도록 알맞은 글자를 찾아 빈칸에 쓰세요.

비 막 자 탈

비 탈을 내려가다가 미끄러졌어요.

골 비 짜 기 탈

골 짜 기에 시원한 폭포가 있다.

120쪽

'분리수거'의 뜻을 찾아 ○ 하세요.

- 흐트러진 것을 한데 모으거나 가지런히 바로잡음.
- 오는 사람을 나가서 맞이함.
- 쓰레기나 재활용품 등을 종류별로 나누어서 버린 걸 거두어 감. (○)

아래 대화를 읽고 밑줄 친 어휘의 뜻을 찾아 선으로 이으세요.

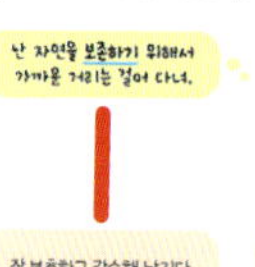

- 난 자연을 보존하기 위해서 가까운 거리는 걸어 다녀. — 잘 보호하고 간수해 남기다.
- 음식을 남기지 않는 것도 환경 보호를 위한 일이야. — 자연환경의 오염을 막아 쾌적한 생활을 유지하기 위해 환경을 잘 가꾸고 깨끗이 보존하는 일.

빈칸에 들어갈 알맞은 어휘를 찾아 ○ 하세요.

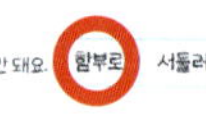

① 쓰레기를 ( ) 버리면 안 돼요. 함부로(○) / 서둘러

② 아빠와 함께 ( )를 했어요. 분리배출(○) / 옥신옥신

121쪽

보기에서 알맞은 어휘를 찾아 빈 곳을 채워 동시를 완성하세요.

보기: 오염, 보존해요, 함부로, 환경 보호

깨끗한 지구

우리가 함께하는 **환경 보호**,

지구는 방긋 웃어요.

길바닥에 쓰레기를 **함부로** 버리면,

지구는 콕콕 아파요.

오염 없는 세상,

우리 손으로 지켜요.

깨끗한 지구,

우리가 **보존해요**.

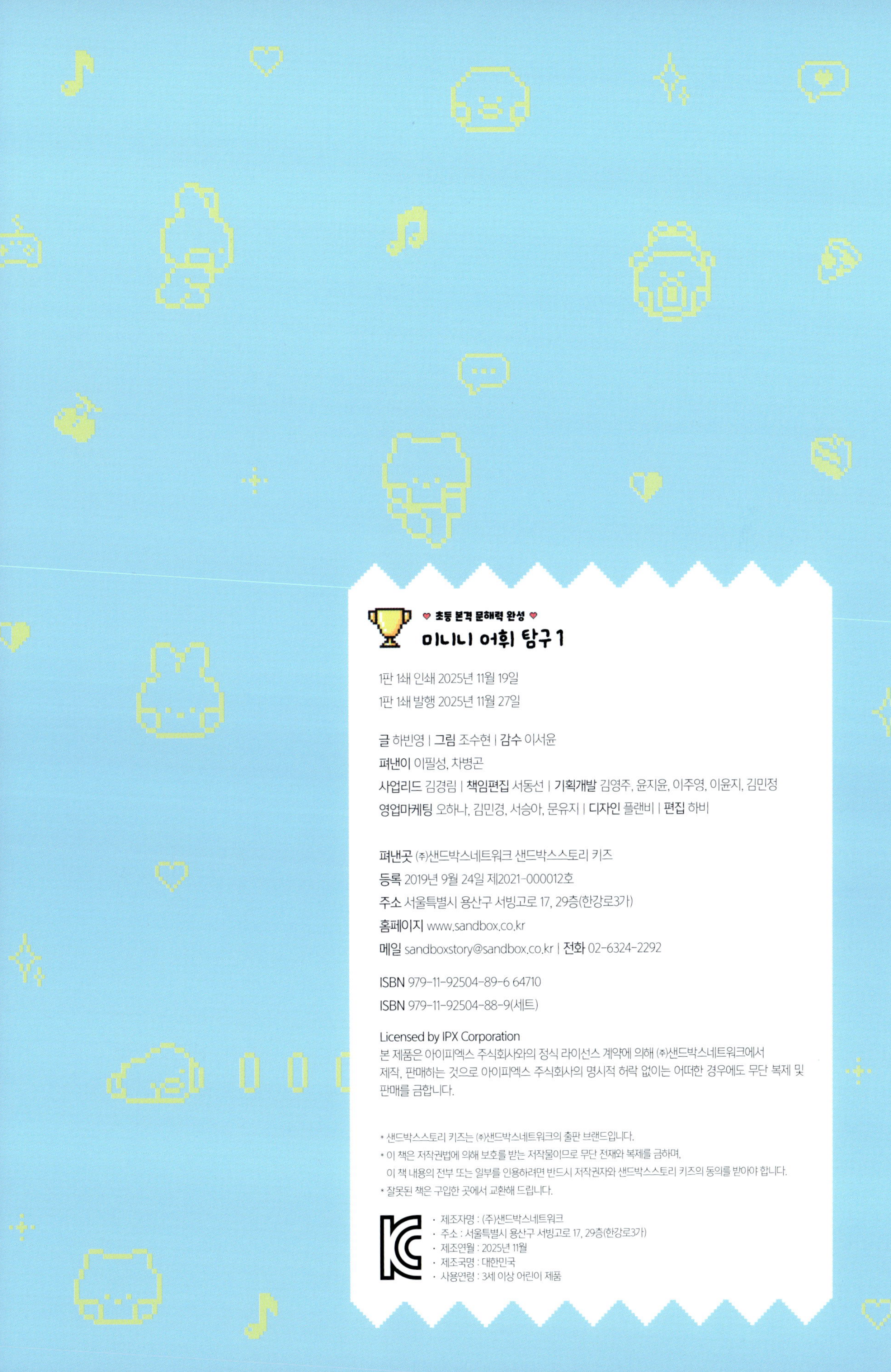

♥ 초등 본격 문해력 완성 ♥

미니니 어휘 탐구 1

1판 1쇄 인쇄 2025년 11월 19일
1판 1쇄 발행 2025년 11월 27일

글 하빈영 | **그림** 조수현 | **감수** 이서윤
펴낸이 이필성, 차병곤
사업리드 김경림 | **책임편집** 서동선 | **기획개발** 김영주, 윤지윤, 이주영, 이윤지, 김민정
영업마케팅 오하나, 김민경, 서승아, 문유지 | **디자인** 플랜비 | **편집** 하비

펴낸곳 ㈜샌드박스네트워크 샌드박스스토리 키즈
등록 2019년 9월 24일 제2021-000012호
주소 서울특별시 용산구 서빙고로 17, 29층(한강로3가)
홈페이지 www.sandbox.co.kr
메일 sandboxstory@sandbox.co.kr | **전화** 02-6324-2292

ISBN 979-11-92504-89-6 64710
ISBN 979-11-92504-88-9(세트)

· 제조자명 : (주)샌드박스네트워크
· 주소 : 서울특별시 용산구 서빙고로 17, 29층(한강로3가)
· 제조연월 : 2025년 11월
· 제조국명 : 대한민국
· 사용연령 : 3세 이상 어린이 제품